"茅舍槿篱溪曲"

"门外春波荡绿"

踏上回归精神故里寻古探幽的旅程，

感受乡土的温暖与润泽，

体味精神家园的馨香。

河北
神头

中国历史文化名城·名镇·名村丛书

中国民间文艺家协会 / 组织编写

总主编 / 潘鲁生　邱运华

本卷主编 / 和莲芬　张贵生

知识产权出版社

中国历史文化名城·名镇·名村丛书

积聚海量信息 寻觅科学路径（序一）

邱运华

　　传统村落保护是当下中国文化遗产保护工作中最重要的社会性课题之一。对于一个具有绵延五千年不间断农业文明的民族来说，传统村落能否得到妥善保护更是一个文明能否传承的关键问题。

　　传统村落保护是当代社会发展的普遍问题，不独中国社会存在，西方发达国家存在，东方发达国家也存在。从世界范围看，这是一个国家从欠发达到发达、从农业社会过渡到工业社会、从以农村为主体发展到城镇化生活方式过程中普遍存在的问题。有学者把中国农村经济结构改造、社群建设、新文化建设和整体民生改善工作这一进程，追溯到 20 世纪 50 年代。但我以为，它毕竟不是我们现在所处的整体转向工业化、城市化进程中遇到的课题。中国社会同一性质的乡村保护课题，起源还是世纪之交的 2003 年 2 月 18 日"中国民间文化遗产抢救工程"。到 2012 年 12 月 12 日，住房和城乡建设部、文化部、财政部联合发布《关于加强传统村落保护发展工作的指导意见》，2014 年 4 月 25 日，除上述三部外又增加了国家文物局，联合发布《关于切实加强中国传统村落保护的指导意见》，两次重申传统村落保护的联合行动。冯骥才先生在 2012 年的一篇文章里把传统村落保护提高到文明传承的高度，我认为非常正确。中国社会各界对传统乡村保护的问题，有着非常积极的呼应。

　　中国是发展中国家，但是在东部、南部和东南部区域看，具有发达国家的基本特征。农村人口从西部向东部、从村落向城镇转移，是 1990~2010 年之间最重要的社会现象，这一巨大的人口变迁集中表现为城镇人口急速膨胀、传统村落急速空心化，不少历史悠久的自然村落仅仅剩下老人和儿童。因此，传统村落的保护在中国面临的问题，与发达国家相比，具有共同性。例如，从"二战"后恢复到工业化时期，德国和日本先后进行的村落更新或改造项目，具有几个明显特征：一是以激发村落内部活力、发展农村经济作为前提，以改造农村基本生活设施作为基础展开；二是村落更新或再造项目以土地管理法令的再研究作为保障；三是建立了学术界论证、公布更新或再造规划、政府支持的财政额度及投入指向、个性化改造方案与村民意愿表达的有效沟通机制，确保有效保障村落历史文化、自然风景、公共空间与私人空间等要素。综合来看，先行的国家特别注重传统村落的"民间日常生活"保存问题。

　　所谓"民间日常生活"具体含义是什么？指传统村落村民群体的方言、交往方式、经济生产活动、衣食住行、生老病死、教育、节日活动、传统风俗、民间信仰活动以及区域性的传统手工艺活动等，以及上述种种的精神性、思想性、文化性、艺术性和物质性表现形态。长期以来，中国传统村落之所以成为民族文化的保留者和传承平台，核心在于保存着这个民间日常生活，它的内容和方式，在民间日常生活的基础上，方可承载不同样式、层次的民族文化。

　　之所以在这里提出"民间日常生活"作为传统村落的文化基础问题，乃是因为看到目前对待传统村落的两种观点具有相当的欺骗性，并不同程度地主宰和误导了传统村落的基本价值指向。一种是浪漫主义传统村落观，一种是商业主义传统村落观。浪漫主义传统

村落观把传统村落理想化、浪漫化，仿佛传统村落是用来怀旧的，象征着一切美好的自然与人类的和谐，田园风光，日出而作，日落而息，男耕女织，像是《桃花源记》里的武陵源，"不知有汉，无论魏晋"。但是，这不是民间日常生活；民间日常生活还包含在落后生产力条件下的温饱之苦、辛劳之苦，是传统村落里百姓的生活常态；生产关系之阶级阶层压迫、政治强权和无权地位，以及在自然面前束手无策，在兵灾、匪患和种种欺男霸女面前的悲惨状态，甚至新中国成立以来出现的政治压迫、思想禁锢和社会运动之灾，是乡村浪漫主义者无法想象的，而这，就是大多数传统村落的民间日常生活。文人雅士，在欣赏田园风光和依依炊烟之时，能否探入茅舍，去看看灶台、铁锅和橱柜，去看看大量农夫、农妇的身子，他们是否仍然饥饿、寒冷？或者他们的孩子是在劳作还是就学？商业主义传统村落观呢，则直接把传统村落改造成伪古典主义的模板，打造成千篇一律的青砖瓦房，虚构出一系列英雄史诗和骑士传奇，或者才子佳人和神异仙境的故事，两者相嫁接，转化为商业价值或者政绩价值，成为行政或市场兜售的噱头，这一行为成为当下传统村落"保护"的常态。这两种传统村落观，一个共同的特点是把村落与民间日常生活相割裂，抹杀了民间日常生活在传统村落里的价值基础，从而，也直接把世世代代生活于这一场景的村民们赶出村落，嫌他们碍事，妨碍了我们的浪漫主义和商业主义梦想；他们不在场，我们可以肆意妄为地文化狂欢。那些在民间日常生活中久存的精神性的、思想性的、文化性的、艺术性的符号，均不在话下。但是，假如村民不在场，社群活力不再，传统村落如何是活态的呢？西方哲学有一个时髦术语，叫做"主体缺失"，因为主体缺失，因而话语狂欢。

关注传统村落的村民，无疑是中国传统村落保护的第一要素。但恰好是人这第一要素构成了传统村落的凋敝和乡愁的产生。

1990~2010年之间二十年，随着一些区域传统村落里村民流动性的增强，特别是青壮年村民向东部、东南部和南部沿海地区季节性的流动，极大地影响了这些区域传统村落民间日常生活的展开，减弱了传统村落的社群活力，也相应削弱了传统文化活动的开展。这样，构成传统村落民间日常生活的内容慢慢演变成淡黄色、苍白色，成为一种模糊记忆，抑或转化为一年一度的春节狂欢，最后，演变定格成为日常性质的乡愁。民间日常生活不再完整地体现在现在乡村生活之中。那个完整的民间日常生活，在我们不得不离开它的土壤之后，便蜕变为乡愁。乡愁这只蝴蝶的卵，就是民间日常生活。而伴随着乡愁这只蝴蝶而出现的，却是一个个村落日常生活不断凋敝、慢慢消失。乡愁成为我们必须抓住的蝴蝶，否则，我们的家乡便消失在块垒和空气之中，我们千百年创造的文化便无所依凭。然而，据统计，在进入21世纪（2000年）时，我国自然村总数为363万个，到了2010年，仅仅过去十年，总数锐减为271万个。十年内减少约90万个自然村。若是按照这个速度发展下去，三年、五年之后，我们的传统村落便无踪无影了。也就是说，出生和成长在这些村落而现在散居在世界各地的人们，将无以寄托他们的乡愁。若是其中有的村落有几百年、上千年甚至更久远的历史呢？若是其中有的村落有着华夏一个独特姓氏、家族、信仰和其他各种人文景观等等呢？

越来越多的学者开始从事传统乡村保护的研究工作，例如《人

中国民间
文化遗产
抢救工程
THE PROJECT TO CHINESE
FOLK CULTURAL HERITAGES

中国历史文化名城·名镇·名村丛书

民日报》2016 年 10 月 27 日发表了"老宅、流转、新生"为题的介绍黄山市探索古民居保护新机制的文章，还配发了题为"古民居保护，避免'书生意气'"的评论；《中国文化报》2016 年 10 月 29 日发表了题为"同乡村主人一起读懂文化传承"的文章，提出了"新乡村主义"的概念，在它的题目之下，包含有乡村治理、乡村重建和乡村产业化的多功能孵化等内容。为此，文章提出了"政府在制定政策方面、标准化编列预算、聘请专家团队和 NGO 组织，进行顶层设计、人才培养、产业孵化和公共服务"四项基本措施，还配发了"莫让古民居保护负重前行"的文章。《光明日报》2016 年 11 月 15 日发表了题为"福建土堡：怎样在发展中留住乡愁"的报道，记叙了专家考察朱熹故乡福建三明尤溪土堡的过程，记者报道了残存的土堡现状，记录下专家们的意见：政府与社会资本合作的"PPP 模式"，面对乡村人口日趋减少的不可逆现实，应该吸引城市中的人回到乡村，将土堡打造为"民宿"，在不破坏现有形制的前提下，实现功能更新。也有专家提出，就保护而言，首先应该考虑当地人，人的利益是优先的，只有做到长期发展而不是只顾短期利益，文化遗产保护事业才能够持续发展，等等。

上述建议，已经超越了简单的乡愁情怀，而诉诸国家土地法规、资金筹措模式、专家功能实现等层次。应该说，在越来越深入研究、讨论的基础上，对传统村落保护的思路越来越宽了，为政府制定传统村落保护法提供了良好的基础。在国家立法的基础上，国家、地方政府组织专家开展普查，确认传统村落的级别，分别实施不同层次的激活、保护、开发，才有坚实的基础。

我理解，通过专家学者的普查、认定，形成的结论一定会有利于政府形成健全完备的保护方案和具体操作措施，使仍然有社群活力的乡村，实施新农村建设规划，改善其经济机制、改建生活设施，改善村民的生活条件，把工作重点聚焦到提高农业产业框架基础、为居民提供更好的生活环境、增强村庄文化意识、保存农村聚落的特征；为有着特殊文化传承却逐渐凋敝，甚至失去社群活力的乡村，探索一套完善保护的工作模式，形成一种工作机制，并得到国家法规政策的支持和保障，包括土地规划、投资体制、严格的环境保护，建立严格的农民参与机制等，为保留故乡记忆、记住我们的乡愁，留下一系列艺术博物馆、乡村技艺宾馆，产生具有独特价值的"乡愁符号"。

作为"中国民间文化遗产抢救工程"的重要项目之一，《中国历史文化名城·名镇·名村丛书》正是通过众多专家学者和民间文艺工作者们辛勤的田野调查工作，在中国民协推动的"中国传统村落立档调查工程"所积聚的海量信息基础上，从多学科、多视角来反映当下古城古镇和传统村落现状，发掘传统文化的独有魅力，进而为保护和传承优秀传统文化积累鲜活的素材，汇拢丰富的经验并寻觅科学的路径。相信这套丛书的出版将对古城古镇和传统村落的保护发挥积极作用。

2017 年 3 月

（作者系中国民间文艺家协会分党组书记、驻会副主席）

中国民间
文化遗产
抢救工程
THE PROJECT TO CHINESE
FOLK CULTURAL HERITAGES

中国历史文化名城·名镇·名村丛书

芬芳"乡愁"彰中华（序二）

郑一民

　　站在 21 世纪桥头，审视中华五千年文明，由历代劳动人民创造并守护的数以万计的历史文化名村、名镇、名城，堪称中华民族可以在世界上引以为豪的珍贵国家财富。在经济全球化、现代化高速发展，城市化进程汹涌而来的今天，保护历史文化名村、名镇、名城，不仅是时代赋予当代国人的神圣历史使命与责任，也是中华民族屹立于世界之林、实现伟大复兴的必然选择。

　　一个古老的村镇和城市，犹如一位饱经沧桑、阅世甚深的老人，既有深厚的文化积淀，又承载着世代子孙魂牵梦萦的"乡愁"。在古村、古镇、古城之前冠以"名"字，其历史文化价值更是非同凡响。她所承载的物质与非物质文化遗产，既是传递民族血脉和熏陶锤炼民族美德、优秀品格的重要精神食粮，也是构建社会主义核心价值观和具有中国特色美好家园的重要基石。在我国现代化建设快速发展中，科学记录和保护历史文化名村、名镇、名城的人文历史、自然风貌和各种原生态信息，是一件功在当代、利在千秋的伟大事业，对研究、传承、弘扬、创新中国传统文化和实现中华民族伟大复兴，具有深远的历史意义和重要的现实意义。

探究中华文明之河，始于涓涓，终于浩浩。历史文化名村、名镇、名城就是其中的"涓涓"，数以万计的涓涓才汇就中华文明的浩浩大河。作为"涓涓"，每一个名村、名镇、名城虽有体量大小之别，但都是一个自然的社会单元。他们是历代先人适应自然、利用自然、实现"天人合一"的见证，也是创造文明、积淀文明、传承文明的家园。其保存的年轮印痕、光阴故事、人生观、审美观、习俗信仰和生产、生活、居住方式等，犹如一部部五彩缤纷的百科全书，承载着民族的历史记忆和文化基因，闪烁着民族的智慧与品格，慰藉着我们的心田与灵魂，涵养着泱泱中华。从这个意义上讲，历史文化名村、名镇、名城是中华民族物质与非物质文化最大最重要载体，保护名村、名镇、名城就是保护中华优秀传统文化。

著名文化学者罗杨在论述古村镇保护时说："人类文明的进化不能没有积累和继承，历史的车轮可以碾过如梭的岁月，但不应拆毁我们心灵回归故里之路。"遗憾的是，在经济社会快速发展中，对古村镇和古城的保护还没有引起世人的应有关注和重视，致使不少古村镇和城市古街区在既无完整文字记载又缺乏图片记录的情况下，

中国历史文化名村·河北神头

便在时代洪流中消失了。针对这种现状，中国文联、中国民协在全国实施了中国传统村落立档调查工程。在此基础上，我们在中国民协和河北省委宣传部大力支持下，2016 年 10 月在全国率先启动了《中国历史文化名城·名镇·名村丛书》河北卷的编纂出版工作。

《中国历史文化名城·名镇·名村丛书》是由中国民协承担并在全国组织实施的中国民间文化遗产抢救工程重点项目之一，也是继中国民间文学三套集成之后在全国开展的又一项具有重要影响的浩大基础文化建设项目。河北列入这项文化工程的历史文化名村有 190 个、名镇 18 个、名城 12 个。根据编纂方案要求，我们将对每个历史文化名村、名镇、名城单独立卷，力求以质朴、简明的文字，图文并茂的形式，从历史学、社会学、民俗学、建筑学、文化学等视角，客观、准确、简洁、鲜活记述名村、名镇、名城的历史与现状，阐释每个名村、名镇、名城独有的文化内涵与价值，彰显河北历史文化名村、名镇、名城特有的魅力与精彩，惠及当代，传之后世。为了使读者检索、查阅、研究方便，本套丛书在编纂过程中将以"中国历史文化名村河北卷""中国历史文化名镇河北卷""中国历史文化名城河北卷"三个系列问世。

家园需要呵护，硕果需要众人浇筑。完成这

项浩大的文化工程，需要数以百计的作者和知识产权出版社编辑们几年的奋斗，无论田野调查拍摄还是梳理编撰，皆充满艰辛与探索。但耕耘者向来是不怕困难的，硕果会因此更香甜，社会发展会因这些成果更精彩，共和国文化建设会因大家的奉献更加炫目！

俗话讲，金无足赤。由于编者知识水平有限，又无前人研究成果可借鉴，书中谬误之处难免，敬请各位方家和读者批评指正。

2016 年 10 月 30 日

（作者系河北省民间文艺家协会主席）

中国民间
文化遗产
抢救工程
THE PROJECT TO CHINESE
FOLK CULTURAL HERITAGES

中 国 历 史 文 化
名城·名镇·名村丛书

中 国 历 史 文 化 名 村

河北神头 │目录

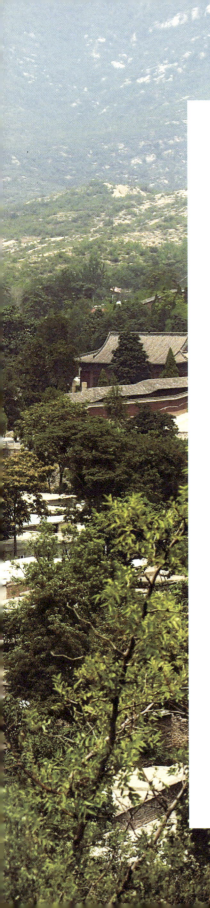

Famous Villages, Famous Towns, Famous Cities
of Chinese Historical and Cultural Series

The Chinese Famous Historical and Cultural Village
Shentou Hebei | Contents

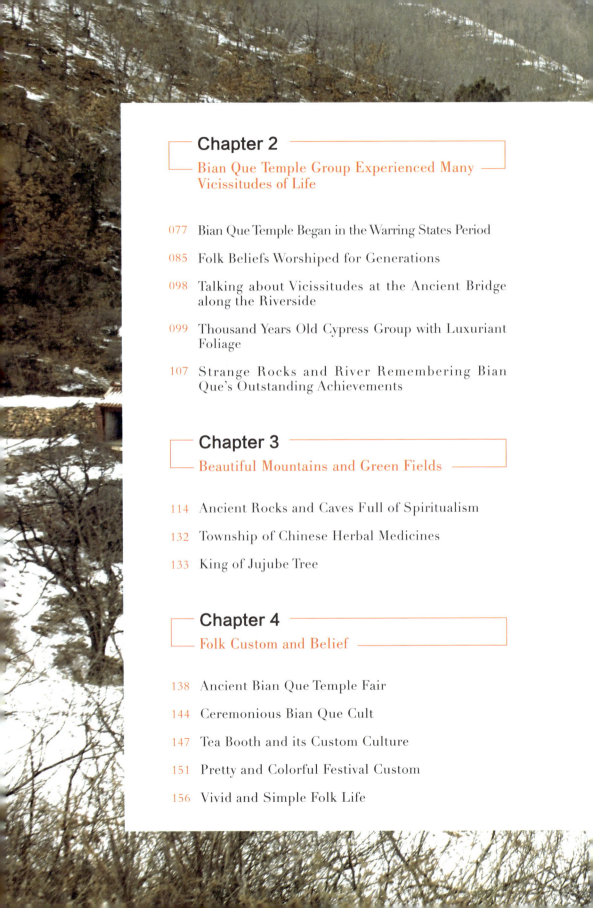

引 言

　　神头村位于太行山脉太子岩东麓，属河北省邢台市内丘县南赛乡管辖，东距内丘县城 25 公里，东北距南赛乡政府驻地 5 公里。九龙河（古称襄水）自西向东从村中央穿过，河南岸原称焦子村，河北岸原叫郎（狼）家庄。战国初因扁鹊头颅葬于此地，为纪念这位为中华医学做出巨大贡献的医祖，两村合二为一改名称"神头村"，至今已有二千三百余年历史。

神头村由神头和一家庄两个自然村组成，450户，1570口人，主要姓氏有刘、郭、郝、宁、韩等。村南、西、北三面环山，东为谷地，村西最高山峰为莲花峰，海拔1141米。历史上这里是原始森林，山上遍地是药材，被称为天然药材库，因长期砍伐，变为次生林，目前药材尚多达889种，是全国中医药材品种较多的分布地之一。现该村以农业、林果业、中药材种植、旅游业等为主导；耕地1600亩，山场5000亩，林场2000亩，果树32000株，主要为枣、柿、梨、杏、核桃、苹果等品种。

神头村地理位置位于北纬37°18′~37°20′、东经114°13′~114°17′之间，属于北温带大陆性季风气候，这里四季分明，山清水秀，气候宜人，物产丰富。早春，桃花烂漫，杏花争艳；盛夏，山泉叮咚，山岚旖旎；暮秋，农家挂柿，满山栌红；隆冬，雪山冰壁，银装素裹。"九龙石柏""鹊山玉带""九龙河

↓神头村之春

↑ 神头村之夏

涛""仙人古洞"天然绝景，隐于村落与群山之中。

　　神头村依山傍水而建，聚落呈带状分布，建筑面积达3平方公里。始于战国，经历代修缮扩建，我国最早祭祀医祖扁鹊的庙宇群，是村落的标志性建筑，殿堂规模恢宏，气势巍峨，壮观之至；村中古宅老院、古桥古皋保存完好，石碾石磨、石臼石槽随处可见；庙会茶棚、手工技艺独具特色；传统节日、婚丧嫁娶魅力十足；传统物产、地方小吃别有风味；红色文化、古今圣贤声名远扬。

　　神头村是一个装满故事的山庄。村因扁鹊而得名，扁鹊因当地丰富的药材宝库而终成一代名医，两千多年流传的众多精彩扁鹊传说，遍布这里的山水草木、村落街巷、庙殿碑刻，使神头村成为一个不可多得的扁鹊文化活宝库、大观园，是我国历代拜瞻祭祀医祖的圣地。

神头村是历史镶嵌在太行山麓一颗璀璨的中华医学文化明珠。新中国成立以来，历届县委、县政府极其重视扁鹊文化和村中古迹保护。2005年10月，在神头村扁鹊庙成功举办了首届"中国·内丘扁鹊文化节"；2006年5月，国务院公布扁鹊庙为全国重点文

↓ 神头村之秋

物保护单位；2006 年 6 月，河北省人民政府公布内丘扁鹊祭祀列入首批河北省非物质文化遗产名录；2008年 10 月，河北省人民政府命名神头村为河北省历史文化名村；2010 年 12 月，扁鹊庙旅游区晋升为国家AAAA 级旅游景区；2012 年 12 月，国家住房和城乡建设部、文化部、财政部公布神头村列入首批中国传统村落名录；2013 年 6 月，中国民间文艺家协会命名内丘为中国扁鹊文化之乡，并批准设立中国扁鹊文化研究中心；2013 年 8 月，河北省文化体制改革和发展工作领导小组办公室命名扁鹊文化产业集聚区为 2013

年度河北省十大文化产业集聚区；2014 年 4 月，国家中医药管理局命名扁鹊庙为全国中医药文化宣传教育基地；2014 年 8 月，河北省文化厅认定扁鹊文化产业集聚区为河北省文化产业示范园；2015 年 7 月，国家住房和城乡建设部、国家旅游局公布神头村列入全国特色景观旅游名镇名村示范名单；2016 年 8 月，中国生态文化协会公布神头村为全国生态文化村。随着众多荣誉的获得，神头村已成为河北省内丘县对外交流的重要窗口之一。

↓ 神头村之冬

中国民间
文化遗产
抢救工程
THE PROJECT TO CHINESE
FOLK CULTURAL HERITAGES
SOS

    神头村是一个历史悠久，文化底蕴深厚，有着两千多年历史的文化名村；神头村是一个灵山秀水孕育出的充满美丽与神奇的古村落；神头村是一个到处洋溢着神医扁鹊传说故事和遗迹的传统村落。

↓ 皇迷桥

第一章
两千年的老"神头"

走过两千年历史的神头村

　　神头村始建于何年何代，地方史料与文献没有明确记载。据村民世代相传，至少春秋战国以前就有此村。这里树茂林密，遍地药材。古村分居于襄水两岸，只有几十户人家。南岸为焦子村，以伐木烧炭为生；北岸为郎（狼）家庄，以打猎为业。因神医扁鹊长期在此居住、采药、授徒、行医，死后头颅葬于此，两村遂合并更名为"神头村"。据村西扁鹊庙后周碑文记载："……大王庙宇，颇历年华……"清乾隆十五年（1750）《顺德府志》记载："鹊山庙者，祀扁鹊也。"

　　扁鹊，姓秦，名缓，字越人，号扁鹊，春秋战国时期渤海鄚州（今河北任丘鄚州）人。因他治愈春秋时期晋国大夫赵简子"五日

↓ 神头古村

不醒症",赵简子赐扁鹊田四万亩于蓬山,蓬山因扁鹊而更名为蓬鹊山(今内丘鹊山)。扁鹊晚年在秦都咸阳被太医令李醯杀害,其弟子及鹊山百姓闻讯后不远千里,从陕西咸阳盗回其头颅,安葬在鹊山脚下襄水(今九龙河)北岸、扁鹊故居西侧山坡,从而使这里成为历代祭祀扁鹊的圣地。

据明崇祯十五年(1642)、清康熙七年(1668)《内丘县志》记载:"《禹贡》环河为冀,商祖乙自耿迁邢,周以封公旦第四子为邢侯。后诸侯兼并,卫灭邢,晋文公伐卫,取邢,遂属晋。及韩、魏、赵灭智伯,分晋地,乃属赵。赵襄子徙邢,是为邢襄。秦吞六国,郡县天下,置信都县属巨鹿郡。汉初为中丘县,魏属广平郡。晋升为中丘郡,石虎改为赵安县。后魏省入柏仁县,柏仁即今唐山也,寻复为中丘县。隋文帝避父讳,改为内丘县,属赵州。炀帝二年改邢州为襄国,寻复为邢州。唐高祖武德元年改邢州为巨鹿郡,属河北道。五代汉隐帝乾祐三年,契丹屠内丘。宋升邢州为信德府。金改邢州为安国军。元至元二年改为顺德路。明太祖洪武元年改为顺

德府，属北平布政司，永乐改直隶京师。内丘属也。"神头村均隶
属其辖。又记载，内丘县设长春、左相、太师三乡，神头村属左相
乡辖。清雍正三年（1725），因尊孔避讳孔丘之名，雍正帝诏令"丘"
加"邑"（阝）为"邱"，雍正四年（1726），改"内丘县"为"内
邱县"，神头村属内邱县辖。清光绪三十二年（1906）《内邱县
乡土志》记载：内邱县分西关、金提店、官庄、史村、诣仁、吴村、
柳林、獐獏八个区，神头村属柳林区。《河北省内邱县组织史资料》
（1931~1987）记载：抗日战争时期，从 1937 年 11 月中旬开始，
冀西民训处在内邱县西部山区先后建立了白塔、獐獏、孙家坡三个
抗日区政府，神头村属孙家坡区政府。1938 年 4 月至 1945 年 8 月，
行政区划曾多次调整，神头村属孙家坡区、二区、五区、三区。解
放战争时期内邱县设白鹿角、獐獏、神头、冯唐、城关五个区政府，
神头村属第三区（神头区）辖，并设驻地；后神头区改为柳林区，
神头村属第三区（柳林区）辖。中华人民共和国成立后神头村仍属
第三区（柳林区）辖。1953 年 6 月，设神头乡政府，神头村即为乡
政府驻地。1958 年推广简化字，将"内邱"改为"内丘"。同年 8 月，
实行人民公社化，内丘县设卫星、东风、红旗、灯塔四个人民公社，
神头村隶属红旗人民公社；11 月，内丘、隆尧、柏乡、临城四县合
并为内丘县，设 16 个人民公社管理委员会，神头村属柳林人民公社
管理委员会。1961 年 5 月，原内丘县划分为 15 个人民公社，神头
村属和庄人民公社。1966 年曾改村名为"红卫"，1977 年复称神头村。
1984 年春，人民公社改称乡镇人民政府，神头村属和庄乡人民政府。
1996 年全县进行"扩镇并乡"，和庄乡并入南赛乡，神头村即隶属
南赛乡至今。

风貌依旧的古街巷

　　神头村沿九龙河两岸而建，九龙河由西向东穿村而过，村中有南、北两条大街，因扁鹊常年行走在这两条大街上为村民治病，后人为纪念扁鹊，将这南、北两条大街又称神医南街、神医北街。庙会期间布匹、杂货、小吃、农用土特产品等各种摊点布满南、北大街，也是香客到扁鹊庙谒拜的主要通道。庙会时，四面八方的香客游人纷至沓来，汇集到神头村。街道两边及各巷道内住满各地茶棚香客。村内户户家中，均曾设过茶棚，年接待香客达数十万人次。

　　2016年，为保护九龙河生态，当地政府在河两岸增建了600

↓ 神医南街

米长沿河栏板，分别刻有梅花、兰花、菊花、桃花、荷花、百合、牡丹、月季、竹子、松树等十种花卉药材的图案和药性介绍。

神头村内至今保留有九条古巷，各巷皆就地取材，选用当地河卵石、自然石、石板、石条铺面。或高或低的石墙，围成一条条弯曲幽长的小巷和胡同，也围出了许多故事，形成别具特色的巷名，巷巷设有民居茶棚。沿着凹凸的路面，走在或弯或曲或宽或窄的小巷里，踩着错落有致的石板路，体验远离大城市喧闹的那份宁静，感受古朴的乡土气息，聆听传统村落各种充满神奇色彩的故事，犹如在历史长河中穿越漫游。

北街与南街

神头村内主要人街有两条，沿儿龙河北岸的大街称为北街，沿九龙河南岸的大街称为南街。北街现名神医北街，由村东口起西至扁鹊庙，长千余米，宽 6 米，居民 110 户。南街现名神医南街，由东越桥起西至九龙柏，长 800 余米，宽 5 米，有居民 90 户。在这两条大街上，现有店铺 6 家，古茶棚 80 余家，古民巷 9 条。

东校门巷

东校门巷，现名好邻巷，南起神医北街，北至村外，长 350 米，宽 3~5 米，有居民 65 户。传说神医扁鹊曾在此设医馆传徒授业，他被害后，人们建庙祭祀。据明万历三十二年（1604）《神头村创建社学记》碑载，世人曾在扁鹊庙内设学堂。1938 年杨秀峰在神头扁鹊庙内创立内丘县第一抗日高小；1972 年曾设中学，后迁址于神头村东。"东校门巷"因此得名。巷内现存有邱县、曲周、鸡泽、平乡、广宗五县在清康熙年间（1662~1722）和民国十四年（1925）《重修鹊山圣母碑记》茶棚碑两块。巷内的东八县四架岭茶棚，每年接待香客达两万余人；任县林家庄四大天王老佛殿茶棚，每年接待香客达一万余人，还接待过我国广州、香港地区和泰国、意大利等地的香客。

捞肠沟巷

捞肠沟巷，现名诚信巷，南起神医北街东段，北至村外，东邻东校门巷，长80米，宽2.4~4米，有居民10户。原巷曾为小溪，传说村民为纪念扁鹊救治虢太子"绞肠痧"之急症奇术，而取名"捞肠沟巷"，传沿至今。巷内北头现存有东昌、顺（德）、广（平）三地在清乾隆四十五年（1780）《重修茶棚》碑一块。

↑ 诚信巷

北坡巷

北坡巷，现名友善巷，南起神医北街中段，北至村北坡根，东邻捞肠沟巷，长50米，宽1.7

↑ 2016年扁鹊庙会期间邢台县西大树奶奶棚棚主王金良入住诚信巷村民郝万选家

2016 年扁鹊庙会期间，任县白屯茶棚在好邻巷
举办献衣冠活动

↑ 友善巷

米，有居民 4 户。此巷位于
九龙河以北，北高南低，落
差达 20 余米，坡度明显，故
名北坡巷。巷南口现存《施
茶碑记》碑一块。

北皋巷

北皋巷，现名礼仪巷，
南起神医北街西段，北至村
北皋，东邻北坡巷，长 300
米，宽 3~5 米，有居民 55 户。
因此巷直通神头村北皋，故
名北皋巷，是全村最长的巷子。原户户设茶棚接待香客，后住户为
了改变居住条件，另迁新居，许多茶棚香客也跟随住户搬迁到新居，
彰显了神头村民善待香客的礼仪之举。

北坡弯巷

北坡弯巷，现名孝廉巷，南起神医北街西段，北至村北坡，东
邻北皋巷，长 100 米，宽 4.6~5 米，有居民 20 户。此巷位于九龙
河以北，北高南低，中间随地势出现大转弯，由南北方向转为东西
方向，落差较大，坡度明显，故名北坡弯巷。此巷人家接待香客多
的时候，一家住不下，还另找地方安排。如村民刘海玉家因接待香
客多，他的两个儿子家和已出嫁孙女家都安排了香客。

南巷

南巷，现名吉祥巷，北起神医南街西段，南至村南皋，长220米，宽3.2米，有居民12户。巷口西侧存有字迹模糊的《施茶碑记》碑一块。巷内设茶棚户固定接待来自山西、陕西、河南的香客，并且代代相传。

↑ 2016年扁鹊庙会期间走访吉祥巷96岁村民郝书合（中）

后街巷

后街巷，现名和睦巷，西起南巷中段，东至南街东段交汇，长200米，宽3米，有居民25户。因位于前街巷之南，取名后街巷。巷内住户有的在外工作，庙会期间为方便茶棚香客来往住宿，便将家门钥匙托付邻居掌管以便及时迎客。

↑ 南街村民侯庆林（右一）帮茶棚香客垒锅灶

后半个巷

后半个巷，现名睦邻巷，北起后街巷中段，南至村南皋与南巷交汇，长130米，宽2.1米，有居民8户。此巷有的居民因长期在外居住，房子闲置，但在扁鹊庙会期间，房主还回到旧宅专门打扫

↑ 睦邻巷

↑ 2016年扁鹊庙会期间睦邻巷村民郭群妮家茶棚
内民俗活动"还娃娃"

庭院，以方便老茶棚香客来朝庙居住，彰显了神头村民热情好客、善良淳朴的民风。他们与老茶棚香客们多年交往，亲如一家，如村民郭群妮家年年不断接待内丘县山凹村香客。

前街巷

前街巷，现名友谊巷，西起南巷北段，东至南街中段交汇，长160米，宽3.8~4.5米，有居民18户。因紧邻南街，取名前街巷。巷内人家即使翻盖新房，也要照常接待昔日的茶棚香客，如村民韩春成家，新翻盖了二层楼，上千人的邢台市南辛庄茶棚香客，依然在他家循环居住。

山石垒砌的民居宅院

　　神头村古民居宅院大多保留了明清风格,依山就势而建;多为土、木、石结构,灰渣、沙石抹平顶的房屋,建筑材料为当地的树木和山石;宅内都设有神龛,家家有上房梯子。民居宅院建筑格局多为四进院、三进院、二进院以及四合院,也有布瓦硬山楼式建筑。

　　神头村别具特色的门楼是一家主人的"门面",直接反映主人的社会地位和经济水平。门楼的高低大小、砖瓦材质、彩绘砖雕和左邻右舍关系都有规定,应与身份相符,包括通天带瓦檐、带挂落、加挡风板和单挂檐等各式门楼。雕刻精美的门墩石与房屋连为一体,门窗、房梁多为当地木材,正房均带抱厦,抱厦柱础石多种多样。古门楼沿街民居内设有茶棚、商铺,家门也就是店铺门。神头村自古以来虽没有官宦富商,但一家一户的门楼却各有特色。庙会期间村民以农经商,贴补家用。

一侯家两宁家三进宅院

　　一侯家两宁家三进宅院,位于神医北街193号、194号、195号,坐北面南,三进院落,东西两侧均建房,现存一进院无门楼;二进院中间建门楼,挡风板写有"福"字;三进院中间建门楼,挡风板写有"和为贵"三字,内侧建有木质影壁屏风,现存门楼通道长18米,房屋18间,分一侯姓两宁姓3户居住,系清末民初建筑。两门楼

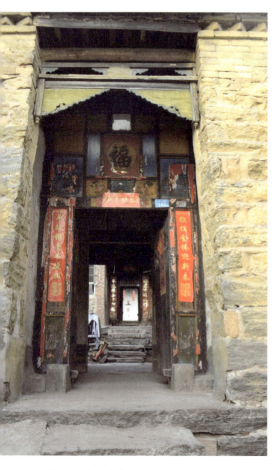

↑ 一侯家两宁家三进宅院

挡风板所写之字，民间理解，除有传统吉祥之意外，有衣穿有饭吃，就是"福"；有饭吃有话说，就是"和"；能干活能帮人就是"贵"。充分体现了神头村人和谐相处、团结友爱的传统民风。

郭家二层楼宅院

郭家二层楼宅院，位于神医南街和睦巷中段，坐北面南，上下两层各四间。房顶为起脊灰瓦硬山顶；外墙就地取材，用当地碎石垒砌，白沙灰勾缝；内墙用土坯砌筑，麦秸泥抹平装饰外表；临街二层用蓝砖垒砌装饰门面。一层一门三窗，门道通内院，二层南北两面各开四窗，两面山头有砖刻石榴、莲蓬墀头；一层室内为客厅、厨房，设木楼梯可登二层；二层二梁起架，边檩边梁，设木质隔扇为卧室。这种砖瓦石木土建筑结构，既节省材料，又冬暖夏凉；既布局合理，又具地方特色。一般为富裕人家建造，村内较少见。

↑ 郭家二层楼宅院

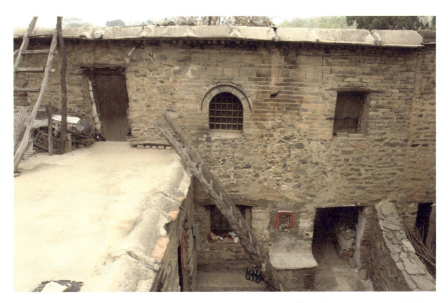

↑ 侯郭两姓二层双门楼宅院

↓ 侯郭两姓二层双门楼

侯郭两姓二层双门楼宅院

侯郭两姓二层双门楼宅院，位于神医南街和睦巷457号、458号、459号，坐南面北，上下两层各6间。房顶为临街面出椽沿，石灰渣抹顶，砖木石结构，两个门楼设在二层楼的中部，被一墙对称隔开，门楼内两侧一层各设一门楼通道，一屋门，一平房配房；二层各设一门两窗，临街面各设一窗。从院内攀木梯上配房可进二层。共由三个院落组成，西为侯姓居住，有楼房6间，南配房2间、西配房3间；东为二进院两郭姓居住，一进院有楼房6间，南、东配房各2间，南设一通道进二进院，二进院为四合院。这种建筑布局，既节省空间，又合理对称；既整体合一，又各取所需。更表达了邻里之间和睦相处、亲如一家的传统民风，这种建筑在村中也是独有的。

郭家门楼

郭家门楼，位于神医南街和睦巷441号、442号，坐南面北，门楼造型别具一格，起脊灰瓦硬山顶，兽头瓦当；木门楣占整个门楼的三分之一，木雕图案用透雕技法雕蝙蝠

↑ 郭家门楼

↑ 刘家门楼

及灯笼挂落，门挡风板中间阳刻苍劲有力的"福"字；围绕福字四周用红、黄、蓝、绿、白等色彩绘出牡丹、芍药、莲花、兰草等花卉及变体"卐"字；砖雕墀头有莲蓬、耕牛、蝙蝠、石榴、葡萄、竹节、花篮等图案，寓意八仙降临、五福临门、吉星高照、多子多福、耕读传家、清廉传世等传统思想理念。门楼整体布局合理严谨，充溢着古朴厚重的民间工艺气息。

刘家门楼

刘家门楼，位于神医南街和睦巷 391 号，坐北面南，木门楣图案有蝙蝠、莲花、牡丹、竹子等，其中不仅雕刻瓶栽莲花，还有彩绘莲花，突出体现了有气节、清正廉洁的传世家风，此宅在中华人民共和国成立前后，就走出了一位抗日英雄、劳动模范——宁二文。

回生桥与仁"越桥"

　　神头村跨九龙河建有回生、西越、中越、东越四座古石桥，桥桥流传着扁鹊的故事，历千年风雨，经代代复修，至今仍横跨襄河之上。虽然四座古桥建筑年代有先后，规模有大小，却个个桥拱似虹，与河中倒影形成圆圆的"玉盘"，被九龙河串联在一起，宛如一条华丽的彩带串着四个玉环系在村腰，成为一道雅趣四溢的亮丽景观。

↓ 回生桥

回生桥

回生桥，位于神头村西扁鹊庙前，因无数患者经过此桥请扁鹊医病痊愈而得名；因坐落在九龙河上，又名九龙桥、龙登桥。此桥是村中年代最早、规模最大的一座石桥，始建不详。传说初始之桥为春秋战国时期民间为方便扁鹊行医而修建。又传说，此桥为隋开皇十一年（591）各地香客为方便四方民众朝祭扁鹊而建，隋大业年间（605~618）又按赵州大石桥的工艺修建。回生桥为糙白玉石质，单孔石拱桥，孔径 21 米，桥高 12 米，长 30 米，宽 7 米，设计精巧，宏伟坚固。石拱上雕有如龙如虎的吞水兽头像，桥面两侧各设桥栏板，有雕刻着小狮子和宝葫芦形的糙白玉栏杆，桥头有

↑ 20 世纪 50 年代拍摄的回生桥桥楼

坐视山谷的石雕巨狮,并立有桥碑。此桥建成后,方便了香客过河到扁鹊庙祭祀,与扁鹊庙共享四海闻名之誉。据明嘉靖二十二年(1543)《鹊山鼎建九龙桥记》记载:此桥初名回生,又名龙登,其南有亭,嘉靖年间又改名九龙桥,因西山有涧九道,如遇暴雨,九源之水鸣瀑扬波,谓称九龙口,因此桥亦改此名。此碑还说,原来的"桥亭故址规制狭小,今大改作之。其桥高一丈七尺,阔二丈六尺,长二丈八尺……其亭绘以丹漆饰以金碧华渝。昔亭至祠门十丈余,皆大石铺砌……"可见其建筑年代久矣,后重修于明嘉靖二十二年。可惜在1963年那场百年不遇的洪水中,该桥被山洪冲垮,桥身构件七零八落,大件被淤沙埋于深处,小件被洪水冲走。至今只找到了部分栏板和"吞水兽"等遗物。现桥于1999年6月在原址上恢复重建,跨度13米,高8米,长33米,宽8米,系明代风格。

回生桥北头原有桥楼,20世纪60年代被毁,现仅存一尊楼前桥头兽,已移至庙内保存,桥楼前的一对石狮也移至扁鹊殿前。

传说,扁鹊在鹊山医治百姓,普救众生,感动上苍,降下彩虹石桥。因扁鹊有起死回生之术,故该石桥取名回生桥。后流传,在桥上走一遭可祛病消灾、强身健体;走两遭可延年益寿、长命百岁;走三遭可身心俱轻、飘飘欲仙。

西越桥·中越桥·东越桥

西越桥、中越桥、东越桥,三桥皆因纪念扁鹊而得名,桥名取自扁鹊的字"越人"中的"越"字。"越",既有世代怀念神医秦越人之意,也有纪念他多年穿越三桥为百姓治病功绩之内涵。西越

↑ 中越桥

↑ 东越桥

桥，位于回生桥东约 150 米，始建不详，南北向跨九龙河上，糙白玉石质，单孔石拱桥，跨度 11 米，高 5 米，长 21 米，宽 7.2 米，糙白玉自然石铺桥拱面，两侧为糙白玉石栏杆。中越桥，位于西越桥东约 300 米，始建不详，南北向跨九龙河上，糙白玉石质，单孔石拱桥，跨度 10 米，高 4.6 米，长 12.6 米，宽 6 米，黑色自然石铺桥拱面，两侧为简单雕刻的糙白玉石栏杆、抱鼓石。东越桥，又名东月桥，位于中越桥东约 200 米，始建不详，《重修东月桥碑记》记载民国时期曾重修，南北向跨九龙河上，糙白玉石质，单孔石拱桥，跨度 12 米，高 4.3 米，长 14.5 米，宽 5.3 米，糙白玉石铺桥平面，两侧为旧桥石栏杆。三桥皆毁于 1963 年山洪，现三桥为 20 世纪 60 年代重修。

皇迷桥

皇迷桥，位于神头村北皋以北 500 米处，因民间传说晋大夫赵简子来鹊山寻扁鹊医病时在此迷路，后人在此建桥故名。始建不详，南北向跨捞肠沟上，桥体糙白玉石垒砌，桥拱边及吞水兽为红石券砌，单孔石拱桥，跨度 5 米，高 3 米，长 11 米，宽 5 米，糙白玉自然石铺桥平面。2009 年 1 月因新修公路而埋于地下。

神奇的古皋门

　　神头村，原有古皋门五座，村东皋被毁，现存村南、北、白玉、玉皇四座古皋，分别由当地红石、青石、糙白玉砌筑，原为出入村落、劳动耕作之门，现为游人休憩之地、拍照景观。

神头村东皋

　　神头村东皋，位于神头村东，北侧为姑姑楼，南临九龙河，皋南侧设台阶可攀顶，皋上有迎风殿和千佛阁。民国时期（1912~1949）茶棚分单文书记载：邢台县蒲州屯（今邢台县前屯）和任县西留村在神头村千佛阁设茶棚至今，民国时期重修后分成两个茶棚。抗日战争胜利后，1947年曾在千佛阁设小学，1963年因洪水被毁，现址为北街东段。

神头村南皋

　　神头村南皋，位于神头村南，通高7米，进深长5.2米，宽3.3米，由当地黑、红料石垒砌。皋上建有南海老母庙，南北开门，内有南海老母和南海大士背靠背泥塑像。南皋始建不详，1973 年加固重修，并在北侧进深加宽 3.4 米。

神头村北皋

神头村北皋，位于神头村北，皋门通高 3.16 米，进深长 4.23 米，宽 5.3 米，皋门拱边由当地红大理石券砌，内由石英砂岩石干垒砌成。始建不详，现仅存皋洞。

白玉皋

白玉皋，又名中天门，位于鹊山海拔940 米处，坐西向东，南北长 16 米，东西宽5 米，占地面积 100 平方米，由糙白玉料石干砌，故名白玉皋。皋门上方镶嵌清代勒石"蓬莱仙阙"（康熙四年孟夏邑人高翔书），门洞壁尚留有三块刻有临清县、清河县、邯郸县捐资人名的原皋砌石。据说，皋上原有阁楼建筑。白玉皋始建不详，20 世纪 70 年代坍塌，现存建筑为 2002 年重修。

↑ 神头村南皋

玉皇皋

玉皇皋，位于鹊山山顶莲华峰下，是一座坐北朝南背靠山体的高大拱券型建筑，通高 9.68 米，面阔三间，长 12 米，进深 1 间，宽 7.3 米，下部由糙白玉、上部由蓝砖修砌。皋有南、东、西三个拱券门洞，皋前 25 级台阶，建有拱桥，皋顶平台可览群山。

神头村北皐

挂在山腰的一家庄

一家庄

2015 年 3 月，一家庄被列入"新发现和已发掘的河北传统村落名单"。

一家庄，位于神头村西鹊山山腰太子凹，当地俗称太子洼，海拔约 1000 米，7 月平均气温约 26℃，背靠鹊山主峰莲花峰，北、西、南三面环山，东为太子凹峡谷断崖，山陡路险，景色奇绝。明隆庆己巳年（1569）《重修太子岩龙兴寺碑记》载，因重修和守护寺庙，太子凹曾长期有人居住。龙兴寺在历代修缮中，香客信徒又附建众

↓ 一家庄之冬

多小庙，成为高山丛林中一奇景。现住人家为刘姓，清代由神头村
迁居于此，至今已传衍至第七代。他们一家乐善好施、淳朴善良，
常为上山的人们提供方便。因这里地势险峻、远离村庄，只有一户
人家，故而被称为"一家庄"。

一家庄亦称一家村，一村仅一家。一家庄地处崇山峻岭、悬崖
陡壁之间，这家主人为了生活需要，保留了自给自足的乡间诸多生
产生活技艺：既能狩猎又会木工，既能拓荒耕作又会畜禽养殖，既
能进山采药又会药材培植，既能果树种植又会林木管理，既能自制
生产工具又会手编荆筐，既当向导讲解又搞农家乐接待；这家主妇
和女儿，心灵手巧，既能做布鞋、绣鞋垫又会纳筐箅，既能下田种
地又会对粮食果品进行加工储存。这些不同于常人的技能和本领，

↓ 2014 年一家庄全家福

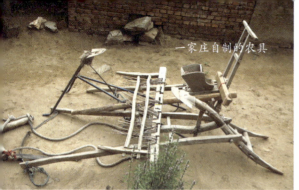
一家庄自制的农具

一家庄母子三人拉耧种晚谷

一家庄祖孙三代第五、六、七代传人推碾子

一家庄第六代传人刘银山夫妇培育盆栽灵芝

一家庄第五代传人王够妮在做布鞋

已融入生活中，满足日常所需，成为一家庄独有的生产生活方式。现今，一家庄仍以传统的种植业为主，自然放养的笨鸡靠吃野果虫草为食，所产的笨鸡蛋给谒庙观光而来的四方游客提供了特色的膳食。一家庄挂在山腰，远离神头村七公里，较为封闭，堪称"世外桃源"，成为独特的一道风景。

一家庄内存有龙兴寺三世佛殿、太子楼、太子洞、纺花洞等遗迹。现居住建筑，为典型的山石木料结构平顶房屋，其特点是依山就势，落差明显，呈梯级状。在太子楼和龙兴寺之间，现存有东西两座各三间北屋平房，为现今刘氏一家三代五口住房。形成村中有庙，庙中有村，庙村交错，村庙一体的景观。庙宇内的诸神影响了一家庄的民间信仰，不但信仰庙中儒释道诸神，还在家中设置神龛，张贴神码，信仰民间诸神，如贴在厨房墙上的灶王、家堂码，石碾上的青龙码，井架上的井神码，梯子上的梯神码，牛棚里的牛马王水草神码等。因庙寺香火兴盛，遇重要节庆活动，四方道士慕名前来做道场活动。在漫长历史中，各地香客又在龙兴寺周围附建观音、老母、山神、关公等十余座小庙，造就了一户人家守护十几座庙宇的民间信仰奇观。

↑ 2014 年一家庄道场活动

龙腾山·太子凹

龙腾山，位于鹊山主峰南侧，明成化二十三年（1487）《顺德府志》记载："龙腾山，在县西七十里，世俗传，扁鹊将虢太子采药游此，故名。上有太子岩、扁鹊祠。"清康熙七年（1668）《内丘县志》、清乾隆十五年（1750）《顺德府志》均记载："龙腾山，在鹊山顶，佛图澄掘得死龙，以水咒之，即苏腾空，作大雨。"太子凹，位于龙腾山东侧山腰凹地，南、西、北三面环山，西临龙腾山悬崖绝壁，东面峡谷顺山而下，形成了一处半封闭式的风水宝地。凹地呈长方形，南北长75米，东西宽35米，有两处建筑群，前为太子楼区，后为龙兴寺区，占地面积约280平方米。相传，虢太子在此修炼，因而得名太子凹。

↓ 龙腾山与太子凹

传说，虢国被晋国所灭，虢太子国破家亡，逃到鹊山寻找当年救治自己"假死症"的恩人扁鹊，要拜扁鹊为师。扁鹊拒收官宦子弟为徒，虢太子苦求，扁鹊让其认、尝鹊山千种草药，考其心志。虢太子熬不住苦累、忍不住寂寞，曾偷跑下山，被淑女劝回，爬到龙腾山东坡山凹处，开山洞、挖水井，安身居住，潜心辨药、尝药，重新立志终身学医，后成就了一番事业，留下了太子凹、太子岩、太子洞、太子井、太子龙潭、太子柏、太子楼等遗迹和民间故事。

太子洞·太子柏

太子洞，位于龙腾山东侧半腰，太子凹内太子楼后，巧借天然悬崖做壁墙，开凿上下两个石洞，洞与洞由外侧台阶相连。

下洞洞口宽1米，高1.96米，洞深5.76米，洞口内壁宽2.66米，洞底内壁宽3.40米，洞高2.10米，洞室里宽外窄呈规则倒梯形；洞口左上侧有一小石窟，窟内佛像面目因山石风化而模糊。

上洞洞口宽0.88米，高1.48米，洞深3.33米，洞口内壁宽3.66米，洞底内壁宽3.40米，洞高2米，洞内北侧墙壁上凿有壁橱，洞室规整；洞壁西墙上刻有神龛，神龛北侧墙壁上刻有诗一首：

五云连石阁，万象俯平川。

羽翰青霄上，凌风驭列仙。

落款为江都高迁。高迁，字升之，明代江都（今江苏扬州江都区）人，进士，时任顺德府知府，曾主修《顺德府志》，明嘉靖十八年（1539）任户部侍郎。

此洞中原有太子像，清康熙七年（1668）《内丘县志》记载，明代襄平（今辽宁辽阳市）人洪敷教曾赋诗：

> 瞻虢太子遗像
>
> 为问天台路，追陪五马兴。
>
> 扣萝霄汉近，烹茗洞烟生。
>
> 丹灶千年古，蜕遗一羽轻。
>
> 翛然怀远望，何处是蓬瀛。

↑ 太子洞与太子楼遗址

上洞口右侧崖壁刻有"顾绥、周济用、周恪同登""关中黄元卿来登""万历九年（1581）三月十二日平定王儒民宁宋昂同登"等五处摩崖石刻，据此可知明嘉靖、万历年间府县官员曾来此览胜。

在太子洞上侧数十米高的崖壁顶沿，一字排开，生长着13棵大小、粗细不均的古岩柏，称"太子柏"。相传为虢太子当年修炼时亲植。

↑ 太子柏

太子楼

太子楼，位于太子凹太子洞前，坐西朝东，面阔3间，长11米，进深2间，宽6米，分上下两层。《重修太子楼碑记》记载：

"自周朝以来，群来谒楼拜祀也。"据此可知，此楼历史悠久，但始建年代不详。清道光三十年（1850），曾进行修葺，何时毁不详。现仅存西、南两面墙壁，几根方石柱斜靠在后墙上或躺放在地上，楼前长有一棵高约 30 米、树径 0.4 米的老黑枣树。

↑ 太子井

↑ 太子龙潭

太子井·太子龙潭

太子井，位于太子楼前北侧，井深一米多，井水甘甜，常年旱不降、涝不升，供寺庙的人食用，为山上水源。相传为当年虢太子在山中采药，住在此处修炼时所挖。井旁生长着一棵老花椒树。

太子龙潭，位于太子洞崖壁与太子井之间，潭水由地下水沿不透水层在依山崖山凹处汇集而形成。崖壁底有龙王与双龙摩崖石雕像，在石雕像左上方刻有"太子"二字。潭水深两米有余，潭底向崖壁内延伸近两米，人们称此潭为太子龙潭。明成化二十三年（1487）《顺德府志》记载，明代顺德府通判商山孔鉴题诗：

太子岩龙潭祷雨

高谒灵潭祷，旱灾愿施甘，雨泽枯荄龙，神倘副祈禳，意使我
去来。

龙兴寺遗址

龙兴寺遗址，位于太子凹内，西临龙腾山悬崖绝壁，东面峡谷，
南北长 75 米，东西宽 35 米，占地面积约 280 平方米。龙兴寺包括
太子楼、火神庙、南海老母庙、佛殿、三家佛殿、送子老母殿、纺
花娘娘庙、五龙圣母庙、药王庙、百子殿等建筑。龙兴寺始建年代
不详，明隆庆三年（1569）曾重修。后此寺大部分建筑已坍塌，仅
有部分残墙断壁、残碑、石柱础、石供桌等残件及明隆庆三年《重
修太子岩龙兴寺碑记》石碑。寺毁于何年无考。寺毁后，此地变为
茶棚，招待香客。

龙兴寺传说有二：一说扁鹊被秦国太医令李醯杀害后，其弟子
虢太子愤世出家，隐于山野救贫济困，当地百姓感念他的恩德，在
他去世后建庙奉祀，并建太子楼。一说因佛图澄（佛图澄乃西域一
位高僧，在佛教史上占有重要的地位。佛图澄来鹊山，说明鹊山在
当时很有名气）在内丘鹊山挖出一条死龙，用水作法，使龙苏醒后
普降甘雨，惠及当地民众，人们为了感念佛图澄而建龙兴寺。

见证历史的碑刻与方志摘录

　　神头村因纪念扁鹊而更名建庙名扬天下。自古以来，历代帝王大臣、名人志士，到扁鹊庙谒拜者络绎不绝，不仅留下了大量的古诗名篇，还留下了许多在神头村为扁鹊赐地、敕封、修庙、立碑、祭祀、题诗等碑刻史料。

春秋晋国大夫赵简子赐扁鹊田四万亩于蓬山

　　春秋战国时期，名医扁鹊行医至神头村一带，在此采药、研究医学并长期居住，设医馆授徒弟，游医列国。在晋国医治好大夫赵简子五日不醒之症，赵简子赐扁鹊四万亩田于蓬山（今内丘鹊山），从此神头村一带成为扁鹊食邑之地。元、明、清等历代碑刻均有记载。元至元五年（1268）《国朝重修鹊山神应王庙碑》记载：

　　过赵，自称扁鹊，适简子病，五日不知人，告以秦穆公事，简子病愈。即中丘之蓬山赐地四万亩，时往来居之。

　　明万历十三年（1585）《重修鹊山神应王庙记》碑亦记载：

　　往来列国诸侯咸资馆，穀遇赵简子，赐以蓬山田四万亩，更其山曰：蓬鹊。

　　清光绪二十二年（1896）《重修鹊王庙碑》又记载：

　　游于邢襄，隐于蓬山，故赵简子即中丘之蓬山，赐田四万亩。

↑ 明万历十三年《重修鹊山神应王庙记》碑

宋仁宗赵祯敕封扁鹊神应侯

宋仁宗嘉祐元年（1056），仁宗赵祯身体不适，遣使谒庙求医，使未至而病愈，始降玺书，赐号"神应侯"。宋熙宁二年（1069）《重修神应侯庙记》碑记载："邢之西北隅，距治城八十里曰蓬山，跨其上神应侯祠在焉""嘉祐初，仁宗不豫，虽药未喜，虔祷于神，遽报如响，始得谥侯，因以神应为号。"印证了宋嘉祐元年谥封扁鹊神应侯的事实。

元世祖忽必烈下旨重修扁鹊庙

元至元五年（1268）《国朝重修鹊山神应王庙碑》，俗名透灵碑。这是扁鹊庙极为重要的一块元代碑刻，保存良好，是研究扁鹊的重要实物资料。

该碑立于扁鹊庙山门口西侧碑楼内，坐西面东，高 2.80 米，宽 0.94 米，厚 0.30 米，青石质，弧形碑首，浮雕六龙，矩形碑额，龟趺座。碑文楷书，共 30 行，少者 5 字，多者 53 字，共计 1048 字。此碑不仅是研究扁鹊生平的重要史料，而且从碑文可以折射出扁鹊庙的沧桑历史。

元代忽必烈登基前，曾在邢州一带担任过巡抚之类官事，深知扁鹊对邢州黎民百姓的重要性，并派使者到扁鹊庙祭祀，求神灵保佑。使者回禀神堂情况，忽必烈萌发修庙之意，并常在太医院提及此事。御医提点颜天翼当时已到退休年龄，而且祖籍内丘，于是表示愿意告老还乡，秉持此事。忽必烈当即答应并下令，将每年的香火钱一半修庙，余下作为颜天翼一家的家用。

颜天翼，字飞卿，是一位医生，早年一直跟随忽必烈在军队行医，并精心料理朝廷的医事。元世祖至元初年（1264），颜天翼携夫人张氏和长子伯禄回内丘，招募工匠，重修神头村扁鹊庙。正当修葺红火进行时，颜天翼暴病而逝。其妻及长子继承颜天翼之业，接着修建，于至元五年（1268）完成了忽必烈之命、颜天翼的心愿。其次子伯祥，在朝为官，奏请皇帝，世祖忽必烈诏令翰林学士、承旨资善大夫、知制诰兼修国史臣王鹗撰写碑文，藏春居士刘秉忠（邢台人，郭守敬的老师）书丹，前中书省都事刘郁篆额，立下《国朝重修鹊山神应王庙碑》功德碑。扁鹊庙修葺一新，香火规模也进入鼎盛时期。

这块碑之所以为后人所器重，因它具备几个耀眼的亮点。

第一，它是皇帝的旨意。一个帝王为地方庙宇修葺下旨，修好后又下旨立碑，这不是一般规格。扁鹊是个四处游走的平民医生，但由于他的医术和医德超人，在元代这位帝王之前，早已封神应王。扁鹊绝非一般的民间医生。

第二，这次重修活动，是由元太医院太医颜天翼亲自主持运作的。他逝于岗位，其夫人及儿子继承遗志，圆满完成，此事本身亦十分感人。

第三，这碑由王鹗撰文，刘秉忠书写，刘郁篆额。帝王任命这么一个"制作班子"，也属罕见，足以证明此碑的地位和分量。因此，朝野均称其为"名人碑""朝廷碑"。颜天翼，精岐黄，征赴内廷，随忽必烈左右近二十年，任御医提点；他的儿子颜伯祥，位居嘉议大夫、上都留守总管兼开平府尹；王鹗为元代著名文学家、史学家，忽必烈贴身文士、大臣，官至翰林学士、承旨资善大夫、知制诰兼修国史臣，忽必烈命他撰文，他说他和天翼"义均同气"，帝王之命，只能跪拜接受；刘秉忠更不用说了，元代的开国勋臣，忽必烈的丞相，元代的众多国事，均出于他之手；刘郁为中书省都事，掌政总领百官，不仅是元朝重要的政治家，还是出类拔萃的书法家。完全有理由说，此碑是"重量级"古碑。

第四，此碑留下刘秉忠的书法一千多字，这对今世，特别是邢台，意义非同一般。刘秉忠不仅是一位集儒释道于一身的政治家、谋略家，还是一位伟大的文学家。一部《藏春集》充分展现了他的文学天赋。而这通碑又告诉我们，刘秉忠还是一位杰出的书法家。据《元史》记载：刘秉忠工翰墨，楷书研习于颜真卿，草书深得二王三昧，各种书体无一不精。他的草书作品今已失传，楷书也只有这一块碑了。这足以证明此碑在文化史中的重要位置，是邢襄书法史上的"里程碑"。

第五，碑文中，对中华医学史、扁鹊生平及医术成就作了全面准确的记述，特别提到"简子病愈，即中丘之蓬山赐地四万亩，时往来居之"。如此明确地记载扁鹊和内丘之间的关系，这是最早的记载。

第六，碑文中较详细记录了扁鹊庙几次大修，为后代研究留下重要的资料。如：

汉唐以来，像而祠之者旧矣。

五季之乱，数经残圮。周显德中（954~959），安国军节度使陈思让为重修之。是时碑刻已有王称，未知封自何代。

宋嘉祐初（1056），仁宗不豫，遣使诣庙求医，使未至而疾瘳，始降玺书，赐号神应。

神宗熙宁二年（1069），有李光禄者知邢州，岁数不登，祷之即应，命以岁时医流民庶所献，不归公帑，专以奉神，委内丘令张仲孙、龙岗令杨守道董其役。曾不十旬，厥功告毕，重檐密庑，岿然可观。

金明昌元年（1190），内丘令赵实亦尝修之，而皆非朝命，一经劫火，焚荡无余。

国朝龙兴，百废俱举。岁癸未（1223），节度副使苏仲毅然昌率重茸旧基，以官事牵制，殿未瓦而止。

此碑为什么叫透灵碑？

在民间，称透灵碑的比比皆是，有的以碑额透空而名之，有的因能发铃声而名之。在民间，实际上凡是碑体宏大、规格较高、价值非凡，或有特殊说法的，习惯称为透灵碑。在百姓心目中，透灵碑就是重量级的石碑。

在内丘，当地百姓没有不知道这块碑的，但很少有人称之为“元代碑”“重修碑”“王鹗碑”之类的名字，一说“透灵碑”就知道是指这块碑，因为他们知道，这块碑特“灵”。围绕这个“灵”字，有不少传说。

相传，此碑能照出人前世由什么转来，吃了碑前贡品，有病的祛病，求子的得子，赶考的金榜题名，做买卖的财运亨通，就是求姻缘的也能郎才女貌，喜结百年之好。因此人们都叫它“透灵碑”。

传说古时有位特别贪财的赵县官，庙会期间来到此地，将香火钱全部收走，站到碑前照出自己是个黑心黑肺的兔子，他大发雷霆，就把碑烧了。透灵碑因此由白变黑，再也照不到人影了。那县官回衙后就死了，由此民间留下了“透灵碑吓死赵县官”的故事。

不仅如此，相传扁鹊来内丘行医反对巫术，但百姓不认可。扁鹊即在烧饼里加草药，做“四季饼”，为百姓医病。扁鹊被害后，有了这块透灵碑，百姓发现，把烧饼放在碑上照一照、擦一擦，这烧饼就药效大增，能治百病，留下了“透灵碑照烧饼”的习俗。

↑ 元至元五年《国朝重修鹊山神
应王庙碑》

此碑竖立后，颇受各方关注。2002年，为碑复建了碑楼，成为扁鹊庙的一大亮点。

元代翰林学士王鹗在《国朝重修鹊山神应王庙碑》诗铭赞赏：

蓬山苍苍，襄水洋洋，彼有人焉非常，俨立祠于其旁。厥出禁方，得之长桑，涤垢涮肠，病尝愈于膏肓。邦人不忘，祀事孔彰，被衮而裳，垂旒而王。庙经兵荒，废为荆棒，瓦砾之场，崇起有时，待我圣皇。厥初颜君，宠命是将，志愿未毕，遽尔云亡。继之有人，乃配阿张，二子皆贤，伯禄伯祥。落成之日，归功庙堂，勒为丰碑，令闻载扬。王其有灵，降福穰穰，风雨和时，年运用康。跻斯民于仁寿之域，而衍圣祚于无疆。

元世祖忽必烈两次降旨祭祀扁鹊

元中统元年（1260）《宣差太医提点许国桢奉皇帝圣旨里致祭》碑记载，世祖忽必烈降旨祭祀扁鹊。宣差太医提点许国桢为主祭，真定（今正定）府录事司达鲁花赤不伯、获鹿县达鲁火赤不刺儿陪同，从官有邢州刘同知，陪拜者有内丘人颜天翼长子颜伯禄。元中统三年（1262）《皇阙金门逸士訾洞春特奉皇帝圣旨降祭》碑记载，皇阙门逸士訾洞春特奉皇帝圣旨降祭东海渊圣广德王庙，敬谒致祭鹊山神应王之祠。其他从官还有邢台驿院刘提领、中丘郭主簿等。

以上两次事件刻于一块石碑上，现存于扁鹊庙群碑廊内。

元平章政事不忽木谒扁鹊庙题诗

元世祖至元二十年（1283），平章政事不忽木任燕南河北道提刑按察使，因病恳祷于扁鹊庙，留下《鹊王庙》《九龙河》两首诗作。

明成化二十三年（1487）《顺德府志》记载：

鹊王庙

一勺神浆浩满襟，天开明哲岂难谌。齐侯无幸蕾残速，虢子有缘惠泽深。磊磊山形千古仰，巍巍庙貌四方钦。惟王授我刳肠术，换尽人间巧伪心。

明崇祯十五年（1642）《内丘县志》记载：

九龙河

相彼山泉源本清，太平君子濯尘缨。

泠泠似与游人说，说尽今来古往情。

此两首诗原诗碣碑现存于扁鹊庙群碑廊内。

中国民间
文化遗产
抢救工程
THE PROJECT TO CHINESE
FOLK CULTURAL HERITAGES
SOS

　　神头村不同的寺庙建筑，有其各自的独特性。扁鹊庙群
是以祭祀扁鹊为主的，随着信仰的多样化和信徒的不同需求，
又敷衍了民间诸神，能赋予民众平安的都是神、都是佛，这是
一种文化现象，是中国的传统习惯。这种现象，学术界称为"民
间俗信"或"民间信仰"。

↓ 捞肠沟

中国历史文化名村

河北神头

第二章

久历沧桑的扁鹊庙群

神头村的庙宇，除已恢复如初的扁鹊庙群、鹊山圣母庙、鹊山主峰莲花峰顶玉皇阁外，还有妙音寺、黑壁山兴化寺、龙腾山龙兴寺、卧佛山清泉寺、王灵官庙、三山圣母庙、云峰庵等遗址。这里的百姓千百年来善于接受、吸取、融合多种文化，使儒释道等不同文化在神头村落脚生根，一起接受世间烟火，形成了古村落"处处有寺庙，庙庙有香火"的独特景象。

　　扁鹊庙群从选址、布局和庙殿建设，充分体现了北方道教建筑风格特征，在建筑艺术上达到很高境界。扁鹊庙群依山而建，从河岸到坡地，沿一条中轴线，众殿个体逐步登高。中轴线以及两厢近似对称的配殿，是中国传统园林的基本格局。扁鹊庙群，由宫殿建筑、园林建筑和民间建筑多种风格融合在一起，实际上是一座拥有多元文化符号的经典园林。贯穿这个园林的基调是天、地、人的结合统一，天（玉皇）、地（后土）、人（扁鹊）三才相融的布局，以主体建筑体现人和自然的融合，更突出了扁鹊的"神应"地位。

始于战国的扁鹊庙

扁鹊庙又称鹊山祠、扁鹊祠，位于鹊山脚下，坐北面南，西傍鹊山，东连神头村，南临九龙河，北靠煤山。庙群整体呈不规则长方形，南北长 410 米，东西宽 200 米，占地面积约 82000 平方米。庙群前部较平，后部则高低错落，依坡而建，传说此地原为扁鹊采药、治患、授徒的医馆，其去世后，人们在此建庙奉祀。整个庙群背山面水，负阴抱阳，北高南低，落差约 15 米。扁鹊庙群原有单体建筑 27 座，即中轴线上的回生桥、桥楼、山门、献殿、扁鹊殿、寝宫殿、后土前殿、戏楼、后土后殿，中轴西侧有碑楼、百子殿、西厢房，东侧有药王殿、玉皇殿、老母殿、老君殿等。现存建筑尚有 15 座。

扁鹊庙，史料最早记载见于《魏书·地形志》："中丘前汉属常山，后汉、晋属赵国，晋乱罢。太和二十一年（497），复有中丘城、伯阳城、鹊山祠。"清康熙七年（1668）《内丘县志》记载："鹊王庙三，一在鹊山下，汉唐已有之，不详始建。宋仁宗玺封神应王，元学士王鹗、明谕德谢迁有记。三月初旬，来祀者方千里，

↓ 扁鹊庙全景

历代诗文不可胜纪。"至于今存之碑刻，一直把始建年代推至汉代以前。元至元五年（1268）《国朝重修鹊山神应王庙碑》记载："汉唐以来，像而祠之者旧矣，五季之乱，数经残圯。周显德中安国军节度使陈思让为重修之，是时碑刻有王称。"后来见到的历代碑刻都证明，历代均进行官方修葺，而且规模越来越大，规格越来越高。据元代的碑文说，后周显德年间，扁鹊已从一般民间医生，升格为"王"了，不知始封于何代，封了什么"王"。宋嘉祐初年，仁宗封他为神应侯。

扁鹊庙，以元代最为兴盛，规模也最为宏伟，民间有"大庙七十二座，小庙多如牛毛"之说。由于战乱、火灾等多种原因，扁鹊庙屡遭损坏，多次重建，现存方志和古碑都有唐、宋、元、明、清修葺记载。宋仁宗天圣九年（1031）修其庙廊，"光华四出"；宋神宗熙宁二年（1069）再修，"重檐密庑，森然如翼"；金明昌元年（1190）内丘县令赵实率众监修，在雕梁画栋上有较大突破，因而令"其庙自古以来未有似今完备者哉"。然而不久，辉煌的庙殿竟几乎全毁于一场大火。金宣宗元光二年（1223），节度副使苏仲鉴于扁鹊庙的价值，在旧址启动重建。元御医提点内丘人颜天翼毕生崇敬扁鹊，早年随军从医二十余年，元定都大都（北京）后，携妻儿告老还乡，奉旨重修扁鹊庙。颜天翼因积劳成疾，没有看到扁鹊庙修葺完成，妻儿继承其遗志，历十余年，终将扁鹊庙修缮一新。明成化二十三年（1487）、万历六年（1578）、万历十三年（1585）、天启元年（1621）以及清光绪二十二年（1896）等均有大规模修葺活动。而且这些修葺，均是以官庙的规模，由官方牵头完成，保持了地方庙殿的最高水平。

　　20世纪，扁鹊庙又经历了较长时间的冷落和荒废。因年代久远，加上自然灾害和人为原因，庙宇建筑损毁严重。20世纪50年代，两所学校把一些较好的殿宇稍加修葺作为教室，使扁鹊庙的使用极为混杂，这边学生在上课，那边香客在烧香，极不利于文物的保护。近几年通过多方努力，扁鹊庙的建筑格局已经恢复，破坏的庙殿大部分已修葺，做到了修旧如旧，较好地保留了历史原貌。

扁鹊祠山门

　　扁鹊祠山门，位于扁鹊庙群南端，回生桥北边，同回生桥在一条中轴线上。其坐北面南，通高7.60米，面阔三间，长10.20米，

↓ 扁鹊祠山门

进深二间，宽 7.80 米，占地面积 117 平方米，系布瓦歇山卷棚顶，砖木结构，檐下斗拱 22 攒。原山门始建年代不详，20 世纪 50 年代被毁，1999 年在原址上恢复重建，系清代建筑风格，山门悬挂木质匾额"扁鹊祠"，楹联"名山古柏千年秀，龙泉神水万载流"。

山门前两侧放置一对石狮；山门内塑道教的守门将军两尊，左边青龙叫孟章神君，右边白虎叫监明神君，高大威猛，形象逼真。

扁鹊殿

扁鹊殿，又名鹊王殿、神应王庙、扁鹊庙，始建不详，史料记载汉唐已有，历代均有修葺，是扁鹊庙群的主体建筑，为尊崇、祭

↓ 扁鹊殿

祀扁鹊最集中的场所。

扁鹊殿，坐落在中轴线前部，坐北面南，平面呈长方形，通高 11.10 米，面阔七间，长 21.78 米，进深三间，宽 9.94 米，建筑面积 216.49 平方米，占地面积 426 平方米。扁鹊殿系单檐布瓦九脊歇山顶，柱网布局采用减柱、移柱的手法，扩大殿内空间，檐下斗拱 44 攒，为五铺作双下昂双抄计心造。梁架结构为六椽栿前后对搭牵用四柱，彻上露明造。驼墩雕花美轮美奂。殿外大木构件均采用了清式旋子彩画，色彩调和，更显庄重雄伟。1996 年 5 月，经河北省文物局批准，该殿落架大修，殿内保持原状，柱子、斗拱及大梁都是保留元代重修时的木料，虽没做彩绘，距今已有八百多年的历史，但过去的彩绘痕迹仍清晰可见，经修缮后仍保留元代建

↓ 扁鹊殿内木雕驼墩

筑风格。落架大修时，对该殿的基础进行清理，发现原殿当时的基础要大一圈，四周向外延了一米左右。这证明，元代以前，庙殿的规模还要大，或许当时四周带有房廊，这和历代碑文记载吻合。

原殿内塑像已不存。1998 年 10 月，在殿中央由廊坊雕塑家协会设计塑造了一尊扁鹊坐像，其面相方正，留须，神态慈祥、端庄，头戴冕旒冠，上着直领宽袖长袍，外罩半臂，束腰，前有垂带，下长裙曳地，足登高履，领、袖、襟皆有绣边，并绣有纹饰，一副王侯之相。2000 年，在殿两侧塑造了扁鹊十大弟子塑像，西排：子仪按摩、子越赶车、子游炼丹、太子采药、子术操刀；东排：子同开方、子明司药、子阳用针、子容诊脉、子豹为灸。通过这几个弟子的不同造型可以知道扁鹊在医学方面之广博，也正是因为掌握了中药、针灸、按摩、诊脉等各方面的知识，扁鹊才可以游医齐、燕、代、中山、晋、卫、虢、韩、魏、赵、鲁、秦等 12 国，随俗而变。扁鹊还有另外两个弟子子舆和子信。原扁鹊殿内壁画已毁，现镶嵌在扁鹊殿内三面墙壁上的壁画，为 2005 年 10 月由中央美术学院教师设计，采用传统工笔国画手法绘制的长卷图，画面内容为扁鹊行医、治疗三大医案故事情节。

该殿原悬挂何匾额不详，据考曾用过"神应王庙""得一以圣"等匾额。此殿具有建筑年代早、规模大等特点，对于研究古建筑营造法则和扁鹊的历史地位有重要价值。

明崇祯十五年（1642）《内丘县志》记载了谒鹊王庙三首诗。

明代顺德府知府冯善题诗：

谒鹊王庙

新晴西上鹊峰巅，绝壁森森北斗连，台殿高低来画裏，笙箫缥

纱入云边。风回药圃春光寂，雨过丹炉草色芊，安得当时医国手，
为疗民瘼锡长年。

明代顺德府知府张延庭题诗：

春日过鹊王庙

三春刚得此盘桓，百里艰关道路难，日色初临岚渐薄，风威犹
劲晓生寒。山灵定与游仙梦，医圣宁无驻世丹，愿取刀圭昭慧力，
一时民瘼为安全。

明代内丘知县郝学诗题诗：

谒鹊王庙

鹊王庙在鹊山阳，日映岚光镇碧苍。碑断尚留唐岁月，剥新原
享汉蒸尝。观形洞彻桓公骨，苏蹶涤清太子肠。瘼疚斯民症结甚，
不知何剂解平康。

扁鹊墓

扁鹊墓，位于扁鹊庙群西侧，百子殿西山坡下，1994 年 6 月
修葺，为砖砌墓室、八边形墓基、馒头形墓顶纪念墓。墓前立有元
世祖中统二年（1261）"神应王扁鹊之墓"墓碑。墓地周围有栏杆，
前有台阶，背靠山包，周围翠柏林立，庄严肃穆。

传说，扁鹊在九十多岁高龄时，仍带领两个弟子到秦国行医，
得到秦王的重用。秦国的太医令李醯"自知技不如扁鹊，使人刺杀
之"。扁鹊遇害于秦国，消息传回来以后，蓬山老百姓非常悲痛，
就派人到秦国，打算把他的尸体运回来安葬。但是秦王觉得神医在
他的国土上被害，对不起自己的百姓，要以王礼厚葬扁鹊，不肯让
蓬山人把其尸首运回。最后，人们只把他的头颅盗回，葬于蓬山脚

↑ 扁鹊墓

↑ 扁鹊庙戏楼

下，并在旁建祠纪念他，就形成了今天的扁鹊祠。而山下的焦子村和郎（狼）家庄就合二为一，改名为神头村，蓬山也就改名为鹊山。

古人陈元方曾题诗：

谒扁鹊墓

扁鹊医术惊宇寰，中华文化耀遗篇。脉学针学实开创，内科外科应时变。以技见殃仇何耻，惩恶扬善史有传。只今谓川鸣咽水，犹为越人诉屈冤。

扁鹊庙戏楼

扁鹊庙戏楼，位于三霄殿的北侧，与后土总司殿相对，坐南面北，面阔三间，进深两间，砖木结构，布瓦双卷棚顶。始建不详，毁于20世纪70年代，2007年在原址依原貌复建。其主要用于扁鹊庙会期间唱大戏。

世代附祀的民间俗信

神头村的扁鹊庙最早专祀扁鹊，随着信仰的多样化和信徒的需求，附会供奉了众多道教神仙，充分体现了道教在扁鹊文化中的主导地位。不仅如此，在扁鹊庙群中还有佛教建筑，体现了中国传统文化中儒释道的融合格局。这也表示了宗教文化的民俗性，因大部分百姓是不会关心各教各宗间的差别的，对于他们来说，能保佑万众平安的，都是神，都是仙，都是佛。在围墙之内的扁鹊庙群以三大建筑为主，即玉皇殿、后土总司殿、扁鹊殿为主体，主次分明，井然有序，在群山环抱之中，实属一方风水宝地。

三霄殿

三霄殿，俗称前奶奶殿，又名后土前殿，位于扁鹊殿北20米，同扁鹊殿在同一条中轴线上。其坐北面南，砖木石结构，通高8.15米，面阔三间，长10.59米，进深三间，宽9.79米，占地面积141.57平方米，布瓦悬山顶，梁架结构为七梁架前出廊，檐下斗拱为单昂三踩拱。现存三霄殿是1986年在原有元代建筑基础上重修的。

三霄殿里所祀之神为传说中云霄、碧霄和琼霄，是《封神演义》里的角色，她们分别持有混元金斗、金蛟剪、缚龙索法宝，同赵公明为结义兄妹，因替兄报仇被元始天尊所收，后被封为三霄。她们的职责分别是求生、送生、接生，被民间称为送生奶奶。三霄殿香火极盛，祈祷者万千，为便于疏散人流，在前廊东西两侧各开设一

↑ 三霄殿

↑ 三霄殿前廊地面元代缦砖

门洞，分流香客，前廊地面至今
留有元代缦砖坑洼不平、破碎不
堪的遗迹。

百子殿

百子殿，又称文王百子殿、
广生殿，俗名娃娃殿，位于三霄
殿西侧，为三霄殿配殿。其坐北
面南，通高 5.84 米，面阔三间，
长 8.36 米，进深一间，宽 5.40 米，
占地面积 55 平方米，系布瓦硬山
顶。始建年代不详，1987 年重建，
仍保持明代建筑风格。

1993 年，殿内泥塑主像周文
王，头戴冕旒冠，双手屈胸前握
笏板，袍衣大袖，端坐堂中，两
侧金童玉女侍奉。2009 年，墙壁
彩绘百子游戏图。

文王即周文王，姓姬名昌。
相传他礼贤下士，宽厚待人，为
天下称颂。其收义子近百，个个
聪明伶俐，多成大器。在封建社会，
多子多福是人们的生育观，况且
人们都希望自己的子孙能像文王

↑ 三霄殿前廊两侧元代门洞

↑ 百子殿

百子那样出人头地，因此大家就把文王作为一个求子的神灵来朝拜，并且还让他主管儿女成才一事。后人追崇向往，建庙塑像祭拜，称此殿为文王百子殿。

↑ 药王殿

药王殿

药王殿，位于三霄殿东侧，为三霄殿之东配殿，其建筑形式与西配殿同。药王殿坐北面南，通高 5.85 米，面阔三间，长 8.36 米，进深一间，宽 5.51 米，占地面积 55 平方米，系布瓦硬山顶。始建年代不详，1988 年重修，仍保留明代建筑风格。

该殿供奉唐代药王孙思邈，其手捧药钵，端坐台上，药王孙思邈左右两侧为药童，一抱葫芦，一抱"千金方"卷，为 1994 年重塑像。2009 年墙壁彩绘"赐封药王""引线诊脉"等图。

相传，孙思邈刚开始学医不精，生活很潦倒。一日寄身在扁鹊庙，夜间得一梦，扁鹊传其医术。后揭皇榜"引线诊脉"治好娘娘的病，一举成名。孙思邈梦中被扁鹊点化，也是扁鹊的弟子，后来他成为一代名医。后人即在扁鹊庙内建庙祭祀。

后土总司殿

后土总司殿，原名土司殿，又称后土殿，俗称奶奶殿，因在前奶奶殿之后，也称后奶奶殿，是扁鹊庙中体量、气势较为宏伟的庙宇之一，位居中轴线上。其坐北面南，通高 9.55 米，面阔七间，长 21.60 米，进深三间，宽 9.02 米，占地面积 274.10 平方米；系单檐琉璃剪边九脊歇山顶，梁架结构为六椽栿前后对搭牵用四柱，两廊步，檐下斗拱有 42 攒。殿内外梁架全部选用旋子彩绘，红色的门窗部分和蓝绿色的檐下部分，加上金线和金点，蓝、绿之间点少数红点，使得建筑上的彩绘图案更加绚丽，增强了装饰效果。该殿始建年代不详，明万历二十三年（1595）《贡完碑记》记载当时该殿已有；清康熙五十八年（1719）重修；1985 年 7 月此殿毁于火灾，仅剩断垣和被烧毁的梁架残骸；1993 年 8 月，按古建筑中"修旧如旧，

↓ 后土总司殿

保持原貌"的修缮原则，在原址上仿元代风格重建，1995 年 4 月竣工。殿匾额曾题"后土总司"，现题为"得一以宁"，这来自《道德经》的名言："天得一以清，地得一以宁。"

现大殿内所有塑像均按原来大殿内的塑像布局设置。高大的神坛之上有三塑像，主尊为后土，其神命曰"承天效法厚德光太后阴君"，两侧为金童玉女侍奉。大殿东西两侧，紧靠东西两壁，每壁塑美女六名，计十二尊，俗称奶奶前的十二侍女，即十二吹官，其芳名为：美玉、窦阆、香丽、江嬉、娱云、姹红、灵淑、香春、盒淀、耿莲、云峰、强玉，每人手持不同乐器，姿态各异，神采飘逸。传说有人夜间曾听到殿内仙乐飘飘，余音绕梁。

相传，扁鹊在他的赐地鹊山研究医学，后土奶奶下凡民间，也看中了扁鹊所在的地方。一天扁鹊看完竹简（古代把文字写在竹片上的一种书）插在地上，后土奶奶悄悄把自己的绣花鞋埋在竹简下，跟扁鹊说这地儿是她先占。扁鹊二话没说就让地方。后来人们建扁鹊庙即按天、地、人布局而建。又传，后土奶奶是由神头村侯家女转生而来，还衍生了许多神话故事。

玉皇殿

玉皇殿，位于后土总司殿东北的台地上，坐北面南，通高 8.50 米，面阔五间，长 19.60 米，进深三间，宽 11.60 米，占地面

↑ 玉皇殿

积 250 平方米，系黄琉璃剪边布瓦庑殿顶，为扁鹊庙群的主体建筑之一。清康熙七年（1668）《内丘县志》记载，"玉皇庙，在鹊山扁鹊庙后，嘉靖间知府刘应节建。" 1975 年被拆，改为学校宿舍，1999 年在原址上重建，保持明清风格。其匾额为"得一以清"。

　　该殿供奉的是道教天帝四御之首的玉皇大帝，塑像为身穿九章法衣，头戴十二行珠冠冕旒，手持玉笏，旁侍金童玉女，完全是秦汉帝王的打扮。

　　相传，玉皇管天，后土管地，地藏管地下，统称三界，玉皇为三界之首。玉皇曾与后土游走民间，走了一府九县，发现许多无理之事，为教化民众，让后土掌管天下民众生死福禄等事，被民间称为地母，香火极盛。

↑ 老君殿

老君殿

　　老君殿，位于玉皇殿的东北30 米处，坐北面南，面阔三间，进深两间，系歇山顶，清代建筑风格，2002 年重修。殿内供奉的是道教创始人太上老君。位于老君殿后的老君洞，依地势而建，因洞内存放一尊老君石造像，故

↑ 老君石造像

名。老君洞 1956 年坍塌，2006 年复建。老君石造像，即道教始
祖道德天尊太上老君坐像，青石质，通高 1.40 米，宽 0.80 米，厚
0.40 米，右臂屈于胸前呈说法状，手残缺，右手自然下垂，抚膝上，
盘腿坐，底有石座，雕刻粗犷，刀法简略，没有纪年文字，刻于何
代，待考。

三清四御阁

三清四御阁，位于扁鹊庙群最高处的煤山上，坐北面南，分
上下二层，面阔五间，进深三间，系重檐歇山顶，清代建筑风格，
2002 年重修。

上层三清殿，供奉的是道家最高的三位尊神，即中间的玉清元
始天尊，右边的上清灵宝天尊，左侧的太清道德天尊（即人上老君）。
元始天尊，左手虚拈，右手虚捧，象征着"天地未形、万物未生"
时的"无极"；灵宝天尊，手拿玉如意，象征着刚从无极状态中衍
生出来的"太极"；道德天尊，右手拿一把画有"阴阳镜"的扇子，左手拿一阴阳镜，象征由太极而分化出的阴阳"两仪"，这些合起来，正是一幅道教的宇宙图式。三清为道家哲学"三一"学说的象征，故其位至尊（三一即"道生一，一生二，二生三，三生万物，万物负阴抱阳，中气以为和"）。

↑ 三清四御阁

下层为四御殿，供奉辅佐尊神的四位天帝，从东往西依次是昊天金阙至尊玉皇大帝、勾陈上宫南极天皇大帝、中天紫微北极太皇大帝、承天效法后土皇地祇。昊天玉皇大帝，来源于古代对上帝的崇拜，统领一切天神、地祇、人鬼，是众神之王；北极紫微大地，来源于古代的星辰崇拜，他协助玉皇大帝执掌天经地纬、日月星辰和四时气候；南极勾陈大帝，也是星宿演变而来，他协助玉皇大帝执掌南北极和天、地、人三才，统御众星，并主持人间兵革之事；后土皇地祇，协助玉皇大帝支撑山川大地、万物生灵。

财神殿

财神殿，位于后土总司殿西北 20 米处的高岭上，坐西面东，面阔三间，进深两间，系布瓦歇山顶，明代建筑风格，2002 年重修。殿内供奉财神赵公明。

↑ 财神殿

佛祖殿

佛祖殿，位于后土总司殿西侧高台上，坐西面东，平面呈长方形，通高 4.60 米，面阔三间，长 8.35 米，进深二间，宽 5.88 米，占地面积 50 平方米，砖木结构，系布瓦硬山顶。始建年代不详，为清式小式建筑，1998 年重建。

王灵官庙

王灵官庙，位于鹊山半腰、登山路旁，是民间修建的一间坐北面南小庙。庙内所祀王灵官为道教护法镇山把守大门之神。

↑ 鹊山圣母庙

传说，唐代尉迟敬德奉旨修扁鹊庙时，因天旱粮食绝收，他带兵到此山寻找粮食，发现此山壁上有一石洞，似粮仓口，用手一扳洞口竟流出粮食，洞口显出"灵官石仓"几个大字。敬德认为是神灵帮忙，即跪拜谢神，运回粮食，修成大庙。后有一贪官想霸占此粮仓，夜间扒开洞口偷运粮食，鸡鸣时因找不到堵仓口的石板，顺手用牛粪堵上仓口，运回衙门的粮食全变成沙石，从此石仓口再也无法打开。后人为纪念此仓口供粮，特建王灵官庙。

↑ 玉皇阁

鹊山圣母庙

鹊山圣母庙，位于鹊山上，坐北面南，面阔五间，进深两间，砖木结构，系布瓦硬山顶。庙内供奉的是三皇姑妙善。传说，三皇姑妙善曾在鹊山修行。

玉皇阁

玉皇阁，位于鹊山顶峰，是所处海拔最高的建筑，坐北面南，面阔三间，长8米，进深两间，宽5米，占地面积40平方米。玉皇阁分上下两层，上层为后土殿，下层为玉皇殿，前有石台阶三级，门左面有插旗杆用的双石柱，2002年重修。据重修玉皇殿碑记载：清道光二年（1822）、清咸丰三年（1853）五月、清同治五年（1866）二月均曾修葺。原有建筑玉皇殿、玉皇皋、老君庙、祖师庙、奶奶庙等，布局合理，充分利用了平台的有限面积和地势。

龙腾山云峰庵三山圣母庙遗址

龙腾山云峰庵三山圣母庙遗址，位于鹊山南部龙腾山顶高台上。平面呈长方形，东西长约25米，南北宽15米，占地面积315平方米。原有两个南北相邻院落，均坐西面东。南院为云峰庵，大门一座，对门有亭；西有白衣观音庙三间，内塑大悲姊妹三尊，白衣、南海二尊，眼光菩萨一尊，广生神母二尊，两壁塑百子山；南有祖师庙三间，北有土地祠三间。北院为三山圣母庙，有院墙、门楼。据碑文记载：清道光己丑年（1829）、清道光二十三年（1843）、清光绪十四年（1888）、清光绪

↑ 云峰庵三山圣母庙遗址构件

三十年（1904）均曾扩建修缮。现存石碑四块，供桌一块，狮驮莲花座柱础两件，滚龙石柱两件，石方柱五件，圆柱础两件。

卧佛山清泉寺遗址

卧佛山清泉寺遗址，位于鹊山南部卧佛山北侧山坳内，清康熙七年（1668）《内丘县志》记载："鹊之南为百花岩。县西南六十五里，上有清泉寺，旧时花木繁阴，境亦幽僻，后调残荒废。顺治间巨鹿尼僧普玉重修，今稍可观。"现仅存石雕睡佛。

黑壁山兴化寺遗址

黑壁山兴化寺，俗称黑壁寺，其遗址位于神头村西南 2.5 公里处，面积约 300 平方米，遗址内现仅存柱础、须弥座等石刻构件。

↑ 黑壁山兴化寺遗址

清康熙七年（1668）《内丘县志》记载："兴化寺在黑壁山，宋乾德年（963~967）建。"明崇祯十五年（1642）《内丘县志》记载题兴化寺诗两首。

明代顺德知府顾绶题诗：

兴化寺

黑壁何方寺，西峰隐暮云。

冈回一经入，岩峭半天分。

泉水缘谿落，钟声下界闻。

试询诸佛子，宁见夕阳曛。

明代内丘县副使王彦民题诗：

黑壁山兴化寺

群峰踏遍下危梁，徒倚丛林探众芳。

深洞雨馀频涨碧，幽花春杪始生香。

晴看黑壁烟光冷，晓爱白银月色长。

便拟买山供啸傲，佛衣宁待鬓毛苍。

妙音寺旧址

妙音寺旧址，位于神头村东，清康熙七年（1668）《内丘县志》记载："妙音寺在神头村，宝应年（762~763）建。"何时被毁不详。据村民讲，妙音寺被毁后，在原址建成姑姑楼，分北、东、西三座，共十间，并设四姑姑楼茶棚。20世纪50年代被拆，90年代原址恢复姑姑楼，现为邢台县前屯村天王殿茶棚。

传说，春秋时期父城国王妙庄王的三女儿妙善，自小立志行善，到南和白雀庵出家为尼，被人诬陷不守清规戒律，其父妙庄王听信谣言火烧白雀庵，无数僧尼葬身火海，妙善也被烧伤。突然，从西天飞来一只猛虎，原来是佛祖派神虎度化妙善并驮她到鹊山治伤。之后妙善大兴佛事，教化村民。村民为了保护妙善，躲避妙庄王搜捕，在村建寺让其藏身，后妙善经观音点化被封为千手千眼观音，从此神头村妙善藏身之寺称妙音寺，并塑像供奉妙善。

古桥河畔话沧桑

　　回生桥架于襄河上，是进出庙的必经之路。相传，扁鹊来到蓬山脚下，住在襄河北岸，出门就见河水，河上没桥，上山采药、出门行医，扁鹊天天都要过河，饱受涉水之苦。当地老百姓十分心疼，他们决定为扁鹊架座桥。于是，东家一把米，西家一瓢面，南家一块石，北家一文钱，一呼百应，千家出力，万户出工，经大家努力，几天便在襄河上架起了一座桥。

　　古老的石桥见证着过往云烟，美丽的传说倾诉着千古衷肠。一个人、一方水土、一脉文化，相互滋养、相互成就，共同谱写了一个悬壶济世、苍生赞叹的古老传奇。扁鹊行医所到之处，百姓纷纷为他建陵墓、立碑石、修庙宇，世代以神奉祀至今。在百姓心目中，扁鹊不仅是医祖、医圣和中华医学的开拓者、奠基者、先驱，一位伟大的医学家，还是一位教育家、政治家、阴阳家、慈善家和武术家。他是人，也是神；他是医生，更是一位胸怀天下、志向高远的先哲。"神"字，不仅是世代人民对他超凡医术的崇赞，也是对他高尚品德、勇于探索、甘于奉献精神的讴歌！将凝聚和承载着中华民族各种优秀品德的人称为"神"，是人民的心声，是历史的写照，是人类和科学进步的力量源泉。不然，你无法解释神头村在两千三百多年的岁月中，一代又一代人呵护扁鹊遗迹、祭祠、陵墓至今不衰的文化事象，无法解释进入 21 世纪后，为何每年在扁鹊遇害日农历三月初一和下葬日农历十月初一，还有来自全国各地数以万计的香客，扶老携幼到扁鹊祠来拜瞻祭祀这位医祖的文化奇观！

枝繁叶茂的千年古柏群

　　神头村作为千年古村，同样也留下了一批千年古树。千百年来，村民在这里繁衍生息，过着春种夏管、秋收冬藏，种树摘果、采药狩猎，日出而作日落而息的悠闲生活，爱惜这里的一草一木、一鸟一兽。而今这里保留了柏、松、槐、橡、栎、黄栌、杏、柿、梨、核桃、酸枣、黑枣等近百种树，生长着艾草、河参、黄芪、丹参、翻白草等889种野生中药材，栖息着喜鹊、灰喜鹊、杜鹃、斑鸠、野鸡、乌鸦、猫头鹰、布谷鸟、家雀、老鹰、野猪、野兔、獾、松鼠等数十种飞禽走兽。正因村民与自然相依相生的生存方式，使这里的千年古树四季常青，枝繁叶茂，充满勃勃生机，也留下了脍炙人口的神奇故事。

↑ 九龙柏

九龙柏

　　九龙柏，又名九龙桥石柏，位于神头村西，扁鹊庙前，九龙河畔，回生桥南。九棵古柏一字列队，犹如扁鹊庙的迎客柏，欢迎远来的客人。九龙柏成了神头村一道亮丽的风景。

　　九龙柏生长在巨大山石上，树根盘根错节深扎在石缝之间。它们自北而南依次排开，高矮有别，粗细不均，大小不等，树干最高达 8 米，直径最粗达 1.30 米。树身苍劲挺拔，树皮苍老斑斑，枝叶繁茂葱翠，似九条巨龙立于天地之间，时时守护着这一方百姓。传说，扁鹊收徒子容、子术、子仪、子舆、子阳、子豹、子游、子越、子同、子明、子信、虢太子 12 人，其中大弟子子容为扁鹊在故乡守

九龙柏之一——子仪柏

九龙柏之三——子游柏

家，子豹不幸与扁鹊一同在咸阳遇害，號太子出家。扁鹊遇害后，
剩下的九个弟子离开鹊山，出外为百姓行医治病，约定年年定时回
鹊山祭祀师傅。后来他们都老了，去世了，也埋葬在这里，村民为
他们种了柏树，每人一棵，正好九棵，人称九龙柏。因为师傅是大龙，
弟子是小龙，让九条小龙站在这里，永远守望着师傅。据考证，九

九龙柏之二——子越柏

九龙柏之四——子术柏

九龙柏之五——子豹柏

九龙柏之六——子明柏

九龙柏之七——子容柏

九龙柏之八——子阳柏

九龙柏之九——子同柏

龙柏为汉柏，为一次栽种，树龄在两千年以上。九龙柏集年代之久、数量之多、生长环境之奇三大奇观于一身，在全国十分罕见。

清康熙七年（1668）《内丘县志》记载题九龙柏诗两首。

明代新城训井陉训蕃宗学内丘人崔数仞题诗：

咏九龙桥石柏

柏生山石石生柏，根入石山山作根。

山石柏根同一体，石山不老柏常存。

清代内丘县令徐祚增题诗：

九龙桥石上古柏

古柏何年植，根蟠石隙生。

虬枝何妖娇，似与九龙争。

↑ 凤柏

凤柏

凤柏，又名佚妹柏，位于神头村南山冈上，挺拔秀气，树冠似一只展翅欲飞的凤凰，故名凤柏。凤柏也属汉柏，与九龙柏遥相呼应。

传说，扁鹊不仅收了九名男弟子，还破例收了个女弟子佚妹。在古代祭祀时，男女不能在一起。众弟子祭拜扁鹊时，九个男弟子先祭拜，佚妹远远等着。后来人们在她站立的地方种了一棵柏树，说是佚妹的化身。她站在村口高岗

↑ 鸟柏

上，世代迎送着前来祭拜恩师的人们，守护着恩师的英灵。

鸟柏

鸟柏，位于扁鹊殿前，山门东北侧，树径 1.20 米，高 8 米，树冠达 150 多平方米，枝干挺秀，表皮沧桑。鸟柏也属汉柏。在树干分杈处寄生一棵小桑树，形成树中树、柏串桑奇景。近年，桑树干枯，又滋生出一棵椿树，形成柏抱椿景观。

传说，扁鹊最小弟子陪同师傅去秦国行医，扁鹊遭人暗害，受重伤的小弟子，拼命回鹊山报信，半路因伤重丧命，死后化作小鸟回鹊山报信。后化成扁鹊殿前一棵柏树，人称鸟柏。据说如果将树身剖开，板纹就是鸟形图案。

龙爪柏

龙爪柏，位于扁鹊庙群三霄殿后东北角，树高 8.50 米，树身直径 1.40 米，树冠达 200 平方米。龙爪柏也属汉柏，枝叶奇特，像一个个龙爪，故名龙爪柏。该品种柏树庙内仅此一棵。其树杈上寄生着一棵野葡萄树，树干北侧一突兀疤痕形似猪头，更像孙悟空站在猪八戒的身上，甚是奇妙。

传说，三霄殿内供奉云霄、碧霄、琼霄，三姐妹共同执掌混元金斗，

↑ 龙爪柏

凡是神、仙、人、圣、诸侯、天子等，不论富贵贫贱，降生都要从混元金斗转生。人间帝王是玉皇大帝派下来的，转人世也必须通过混元金斗转生，他们进三霄殿混元金斗前，都在殿后这棵柏树上捺一下爪印，以显自己龙的身份。时间久了，当帝王的多了，这棵柏树的枝叶也都成了龙爪形状，故被称为龙爪柏。

扣柏

扣柏，位于扁鹊庙群玉皇殿前，是一棵品种特殊的柏树，树高12 米，树干直径 1.20 米，树身笔直，枝叶茂密，木质紫红，结的果实（柏子）光滑，呈圆球形，大小和样子酷似古人衣服上用布绳缩制的一颗颗蒜疙瘩扣，因此大家称它为"扣柏"。此树于 1975年被毁，但当地群众一直记着这棵树。

三楸四杨

三楸四杨，即三棵老楸树、四棵大杨树。三棵老楸树，位于扁鹊殿周围，殿东、西、北各一棵。在当地的传说中，这三棵楸树均属于神树。传说，唐代尉迟敬德奉旨来修扁鹊庙时，遇到大灾年，这三棵楸树上竟长出一拃多长的豆角。楸树的豆角有毒，不能吃。但这三棵楸树的豆角，不仅没毒，能吃，而且香脆可口，可以供修庙人食用。事情就这么怪，就这一次，以后又不能吃了。中华人民共和国成立前夕，一场大火，三棵楸树难逃厄运。

四棵大杨树，位于扁鹊庙前桥楼东西两侧，各两棵，高大挺直，枝叶稠密，中华人民共和国成立前夕，被砍作他用。

铭记扁鹊业绩的河水奇石

九龙河

九龙河，古名襄水，发源于鹊山东麓，因集九道山川之水，又称九龙之水，至神头村西口汇合，由西向东，从扁鹊庙前流过，故名九龙河。清道光十二年（1832）《内丘县志》记载："九龙河，在鹊王庙前西山，一派九水，合流于此，故名。"九龙河，穿神头村，经西营、东营、后河庄、张公塔、申家洞、下马庄、柳林等村流入马河水库。

↓ 九龙河

传说，鹊山一带因大旱瘟疫传播，扁鹊救人熬汤药，井水用干，四处寻水熬药。扁鹊的善心感动天上九龙，九龙卧地吐水，形成九龙泉，扁鹊取水熬药救了百姓，赶走了瘟疫。泉水四季长流，形成河流，民间称九龙河。又传说，晋大夫赵简子在鹊山治好病后，其子赵襄子受父亲之托到鹊山答谢扁鹊，曾饮九龙河之水，故名襄水，又称襄河。

洗肠沟·捞肠沟·石炕

洗肠沟、捞肠沟，位于神头村扁鹊庙群以北瓮山脚下，此沟有一条从瓮山流出的山泉，形成溪流，称洗肠沟、捞肠沟。石炕，又名手术石，位于扁鹊庙正北约800米处，瓮山脚下，为一块天然巨石，方正平坦，宛如石炕。石长3米，宽2米，厚1.20米。石面上中心部位由红白相间的石质组成，似点点鲜红血迹。

↑ 洗肠沟

↑ 石炕

传说，扁鹊和弟子虢太子在瓮山一带采药时，虢太子突发绞肠痧，为救命，扁鹊就地选一块平石，为虢太子开肠破肚，取肠消毒。在溪水洗肠时，肠子被水冲走，扁鹊在一拐弯处捞住肠子，救活虢太子。从此，民间称扁鹊洗肠的地方为洗肠沟，扁鹊捞肠的地方为捞肠沟，扁鹊为虢太子做手术的平石叫石炕，也称手术石。石炕上红白相间的石质结构，传说为虢太子手术时流下的血迹。

药泉

药泉，位于扁鹊庙群财神殿东北侧约 50 米的山凹处，本为一天然山泉。传说此泉原为扁鹊师徒饮水、洗药处，因常用此水为患者煎药服用，世人称之为"药泉"。因此泉出自矿物质丰富的鹊山山脚下，清澈甘甜，对某些病症有一定疗效而得名。对此，元代诗

词有"一勺神浆"之誉。2010年10月26日，在此地施工中发现
刻有"药泉"石碑一通，相传，石碑上"药泉"二字为元代平章政
事不忽木所书，后对旧碑重立，泉址进行整修。

药石

药石，位于古襄水南岸回生桥畔。此石原有一间房大，平整如板，
因风雨侵蚀，现只存2平方米大小的不规则石块，石面阴刻楷体"药
石"二字，右旁书"万历癸未年龙峰题"。万历癸未年即明万历十一
年（1583），龙峰即书写之人，此人待考。"药石"二字笔法浑厚，
功底颇深；刀法刚健，力能扛鼎之势，堪称绝艺。"药石"二字含义

↓ 药泉

说法不一，大致有四：一是含药、针之意，药指草药，石指药用石针，寓意神医扁鹊为人治病靠的是药和针；二是含重量之意，"石"字为重量单位，说古代扁鹊和弟子在山上采撷草药很多，无法称其重量，寓意药多之意；三是指扁鹊每天采药晾晒的专用石头；四是药石上刻的"薬"字少了一点，"石"字多了一点，意为扁鹊提醒后人，为人治病尽量少用药，因为"是药三分毒"，多用砭石刺激穴位从而达到自愈调理治疗的方法。总之"药石"二字，寓意深远，究竟内涵何意，至今是个谜，留给后人去研考。

　　传说，此石为扁鹊带领弟子晒药、碎药之石，扁鹊死后常在此石上献方献药，治愈疑难杂症。"药石"作为扁鹊遗物，现陈列在回生桥南岸九龙柏前。

↓ "药石"石刻

中国民间
文化遗产
抢救工程
THE PROJECT TO CHINESE
FOLK CULTURAL HERITAGES
SOS

　　神头村地处太行山东麓，西接鹊山，南依卧佛山，北靠
瓮山，形成三面天然屏障，使村落恰似安坐在太师椅上。起伏
的山川、纵横的沟谷遍布村周围，山峰形貌奇绝，千姿百态，
像睡佛、似莲花、如大象、形同瓮；崇山峻岭间分布的许多河
流、怪石、奇洞、神树，似龙似凤、如蛙如手，巧夺天工地组
合在一起。奇峰秀水，构成了一幅幅多姿多彩的大自然画卷，
令人神往。

↓ 鹊山玉带

第三章
秀山绿野

充满灵性的山石古洞

神头村历史悠久，人杰地灵，医祖扁鹊曾长期在此行医采药、传徒授业，成就了他一生的事业，这里即被誉为"扁鹊的第二故乡"。位于神头村的鹊山，是"扁鹊生前赐地，行医圣地，逝后葬地，全国最大的扁鹊祭祀地，扁鹊文化的发祥地"。

史料记载，鹊山是因晋国赵简子赐田四万亩予扁鹊而得名，鹊山也被誉为历史文化名山。正如唐代文学家、哲学家刘禹锡作《陋室铭》所言："山不在高，有仙则名；水不在深，有龙

↓ 鹊山之春

则灵。"内丘鹊山因扁鹊而美名远扬，扁鹊成就了鹊山，鹊山的一山一水、一石一洞充满了灵气，承载着扁鹊的业绩与英名，吸引着游人前来寻根溯源，欣赏鹊山的自然美景。

↑ 鹊山云海

鹊山

鹊山，有广义和狭义之分，广义指鹊山山脉，狭义指鹊山山脉主峰。鹊山山脉的体量较大，西接摩天岭山脉的闹乜岭，向东折南至夹耳山，再东向北至吉了寨，呈环带状，全长约 18 公里。山峰众多，大小不等，主要山峰有十余个：胡姑脑、夹耳山、中岩山、太子岩、龙腾山、瓮山、夜歇岭、龙驹岭、凤鸣山、吉了寨等。

鹊山为鹊山山脉主峰，又名蓬山、蓬鹊山，位于神头村西，属于太行山脉东麓的中山。据地方志书记载，鹊山原名蓬山，因山顶像"蓬"而得名。后赵简子将此山赐予扁鹊，改名蓬鹊山，也称鹊山。

明成化二十三年（1487）《顺德府志》记载："鹊山，在县西南六十里，昔扁鹊封此山，上有鹊王庙，每岁三月十八官祭，四方来香火者，甚众。"清康熙七年（1668）《内丘县志》记载："鹊山，在城西六十里，山顶有白石，形如鹊，故名。鹊东南高辣为鹊头，西北低平为鹊尾。昔有驻兵其巅者，敌仰攻不克。潜其尾遂破之。"因山体像喜鹊而得名。

清光绪二十二年（1896）《重修鹊王庙碑记》碑载：

考夫上古有扁鹊者，与轩辕黄帝同时，精于医药。至春秋时，郑国有名医，姓秦，名缓，字越人，寓于齐卢林，因号卢医，于异人长桑君，授以神灵之药、饮以上池之水，精通脉理、洞见脏腑，携其术，游于列国。季梁称之为神医，虢太子赖之而回生，齐桓公不听而致死。人见其有丹□仙药，似青囊妙手与古扁鹊无异，因以扁鹊称之。厥后，游于邢襄，隐于蓬山，故赵简子即中丘之蓬山，赐扁鹊田四万亩。汉唐以来，人遂为之立庙于兹土。世俗不知，谓□，上有白石，形如鹊，故山名鹊山，庙名鹊王。然，鹊山，山名也，鹊王，神医也。其适相同，而实为二焉。是为记。

鹊山自然风光秀丽，文化底蕴深厚。主峰莲花峰海拔 1141 米，是太行山脉距平原最近、落差最大的千米以上山峰。山上有乔家洞、玉皇皋、摩崖石刻"莲华峰"等名胜，风景奇绝。这座与扁鹊息息相关的鹊山，每一座山峰，每一处岩洞，每一条山沟，甚至每一棵古树，都留下了扁鹊及其弟子们的动人传说。

明崇祯十五年（1642）《内丘县志》记载题鹊山诗四首。

元代监察御史刘郁题诗：

鹊山

鹊山高与碧云齐，渡水沿冈路欲迷。

日暮马羸鞭不动，绿云深处乱蝉嘶。

明代顺德府知府孙锦题诗两首：

鹊山（一）

春深花始见，水落地仍沙，鸡报荒村午，山行一径斜。

石梯樵子路，土穴野人家，民瘼关心切，空惊两鬓华。

鹊山（二）

十年不到万山巅，海岱平分淑气连。

樵径雨余云出没，僧居风定月婵娟。

神医庙古青松下，太子岩高碧落悬。

对坐已忘蕉鹿梦，迟归应遇烂柯仙。

明代太仆少卿吴忱题诗：

登蓬山

蓬山山上立多时，太子岩前咏旧诗。

借问鹊王如有药，世间白发也能医。

↓ 鹊山

鹊山玉带

鹊山玉带，位于鹊山东坡半山腰，海拔高度在 660~680 米，陡立于山崖间，环山水平裸露着一条长数公里、厚达二十米的白色石英和长石的侵入岩层。远望鹊山如黛，侵入岩层似玉带蜿蜒盘绕山崖间，形成了罕见的"鹊山玉带"之天然绝景。

↑ 飞来石

传说有二，一说此绝景在扁鹊去世后呈现，意为大山为扁鹊戴孝致哀；二说扁鹊弟子虢太子因救人上山采药，不慎失足悬崖，衣袍外腰带化为山腰玉带，蓬山的百姓不忍说虢太子摔死了，而说他在蓬山修炼成仙上天了。将这一自然景观赋予动人的传说，表达了百姓对扁鹊和弟子的怀念与敬仰，增添了鹊山的神秘感。

飞来石

飞来石，位于鹊山玉带上方。在山崖边上有一块摇摇欲坠的巨石，其周围山体的石纹皆为横纹，唯独此石石纹是竖纹，山石颜色为黑色，与周围山体反差极大，仿佛不是此山之石，因不知此石从何而来，故名"飞来石"。传说，虢太子采药时，不慎蹬落的一块石头飞落到山的另一边，就是"飞来石"，石头上还有虢太子的脚印呢！

卧佛山·五指石

卧佛山，位于鹊山南侧。站在清泉寺遗址，向东南望去，南山如一尊巨大的卧佛，头东脚西仰面而卧，头、鼻、嘴、颚、胸、肚等起伏于天际线之间，造型逼真，故名"卧佛山"。古人在清泉寺佛殿沟北崖雕凿睡佛，与对面天然卧佛遥相呼应。站在扁鹊庙，夜观此山轮廓，似两尊卧佛顶头而卧。

五指石，位于卧佛山西侧，此石高约 20 米、宽约 10 米、厚约 2 米，酷似一只掌心面东举起的左手，五指、指节、指纹清晰可

↓ 五指石

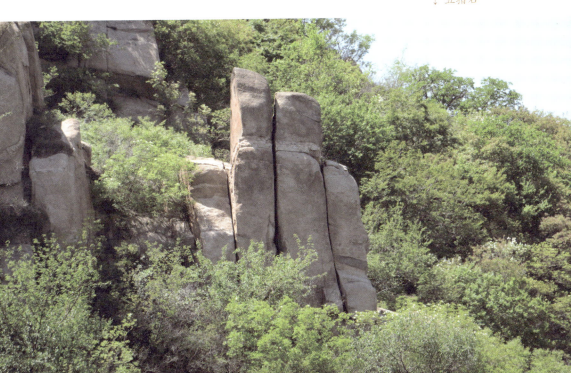

辨，人们称之为"五指石"。

传说，佛祖为传扁鹊医术，装病昏睡于南山，扁鹊为其全身诊脉，几乎摸不到脉象，只在其左手腕寸口处摸到微弱脉象，跳动异常，就用针灸之术救醒病人。从此扁鹊舍去了全身诊脉法，单用寸口诊脉，不但简单易行，消除许多麻烦，还缩短了看病时间。此次佛祖点化扁鹊寸口诊脉之术，睡姿身形化为一山，称卧佛山，左手手影化为一石，称五指石。

黑壁山

黑壁山，位于卧佛山东侧，其上有宋乾德年间（963~968）修建的兴化寺，现仅存遗址。清康熙七年（1668）《内丘县志》记载："黑壁山，在天台山下，其石多黑，故名。其麓有兴化寺，岚光树色，掩映梵宇，亦郁然一佳境也。"（天台山即今卧佛山）

传说，扁鹊在鹊山一带行医，把煎药所剩的药渣常倒进一个山

↓ 黑壁山

沟里，日久天长，山沟变成黑油油的肥土，还长出许多药材，药效特灵。扁鹊死后，鹊山一带闹瘟疫，一位郎中到山沟采摘仙果消除了瘟疫。有一贪财财主为霸占仙果，大量采摘，仙果却变得又苦又涩又硬，还硌掉了他几颗牙，财主一怒之下放火烧了山沟，山壁变黑，从此人们就称这里为黑壁山。再后来这里又盖了寺，民间称"黑壁寺"。

清康熙七年（1668）《内丘县志》记载，明代顺德府知府冯善题诗：

登黑壁山兴化寺
峰头古寺自齐梁，薄暮登临景更芳。
曲径迂回惟草色，深林葱翠有松香。
僧离古洞风尘别，水落悬崖音韵长。
为爱山房偏坐久，云横树杪郁苍苍。

铁寨山

铁寨山，位于鹊山玉带中部上方前沿，山势险峻，陡壁如削，可谓"一夫当关，万夫莫开"。相传东汉末年，黄巾起义时张角占据鹊山西南的灵霄山为大本营，因此地险要，特建山寨一座，作为前哨阵地，故名。张角死后，部下张飞燕被推为首领，驻守此山，后被余部流寇长期占据。唐初尉迟敬德奉旨重修神头村扁鹊庙，到铁寨山化布施，寨主蛮横无理，尉迟敬德举起九节鞭一鞭将寨口的石碾磙打得七零八落。寨主十分佩服，于是解散山寨，投靠了尉迟敬德，并献上全部金银细软，修建扁鹊庙。

太子岩

太子岩，位于鹊山极顶，是鹊山主峰。明成化二十三年（1487）《顺德府志》记载："龙腾山，在县西七十里，世俗传，扁鹊将虢太子采药游此，故名。上有太子岩。"清康熙七年（1668）《内丘县志》记载："在鹊山顶，周虢叔之后，虢太子弃国从扁鹊游，于此修真，内有太子卧石，长六尺，手、足、肩、背宛然。"传说，虢太子曾在主峰南侧太子凹修炼居住，故名太子岩。太子岩顶峰由数峰石组成，远望似含苞欲放的莲花，而得名莲花峰，亦称"莲华峰"，海拔1141米，自然崖壁阳面阴刻"莲华峰"。站在莲花峰顶：西望，茫茫太行，蜿蜒起伏，群峰如涛；东眺，千里沃野，水平如镜，生机勃勃。每到春秋雨后，多出现漫山云雾。站立峰端，头上蓝天如碧，脚下白云如涌，云海波涛，势如万马奔腾，蔚为壮观；群峰皆笼罩在雾霭朦胧中，更使这名山胜地显出恬静神秘之美。待云雾散尽，翠峰林立，使人如置身于仙境。

传说有二：一说，虢太子为救人上山采药摔下山沟，人们不愿说太子死去，就说太子被菩萨的莲花台接走，上天成了仙，故名莲花峰；一说，莲花姑娘受王母之托，侍奉扁鹊，扁鹊死后，莲花姑娘化成莲花峰守望扁鹊庙。

明崇祯十五年（1642）《内丘县志》记载题太子岩诗三首。

明代顺德府知府刘应节题诗两首：

登太子岩未及顶 时辛酉（1621）春

平生意兴在山水，蹑险探奇未惮遥。太子岩高几万丈，使我顿足山之腰。眼见洞门倚天半，淘淘霹雾摧石扇。上有鹫岭俯龙潭，

隐隐烟霞绕房殿。咫尺相望未可通，何如高翼驾长风。回头万壑迷
苍霭，侧身鸟道盘虚空。愁绝怅然思倾倒，特地开尊籍芳草。石林
晴弄鸟声和，岩风春送花香早。君不见，秦岭蜀山高蔽天。使人一
望摧心颜，人生登临贵得意。何必穷海之底，山之巅。

再登太子岩 壬戌（1622）春

太子何年遇赤松，翠华此地驻飞龙。

山中风雨怜荒殿，天外芙蓉识旧峰。

瑶草不生丹灶古，洞云飞尽碧苔封。

欲放鹤驭求灵药，怅望仙踪何处逢。

明代顺德府推官周恪题诗：

下太子岩

嶙峋太子岩，潇洒郎官兴。

游罢下山来，云霞隔钟磬。

明崇祯二年（1629）季春诗碣碑记载，明代内丘县知县雷鸣
时题：

登太子岩

飞步临巅天气新，群峰插汉石嶙峋。

羊肠曲径浑如蜀，龙洞苍松恰似秦。

叹我焦劳十七社，美君矍踯八千春。

归来不尽探奇兴，分付山灵守醉菌。

↑ 瓮山

↑ 神龟石

↑ 神蛙石

瓮山·神龟石·神蛙石

瓮山，位于鹊山东侧，南距扁鹊庙800米，海拔746米。东为陡崖，南为陡坡，西、北较平缓。山峰呈弧形，在南面有缺口像瓮，故名瓮山。

神龟石，位于瓮山东侧山崖半腰，一石突出山体，像一只巨龟在向瓮山攀爬。

神蛙石，位于鹊山东坡，登山路北侧，此巨石似一只蹲坐守候的巨蛙，头朝东方，口复日坚守着岗位，迎接着鹊山的第一缕阳光。

传说：秦始皇修长城，大量征用民工，使许多人家妻离子散，民不聊生。孟姜女为寻夫哭倒长城。秦始皇要选孟姜女为妃，她不从跳海殉情。秦始皇一怒之下赶山填海，动摇了龙宫。龙王上天奏明玉皇，玉皇下密旨，水族兵将爬上鹊山最高峰，天下会改朝换代。神蛙领旨历尽千辛万苦爬到鹊山，只差一跃就要爬到山顶。秘密被秦始皇得知，派高人砍掉神蛙一只腿，神蛙变成石蛙。玉皇大帝再密派神龟爬山，只要神龟带领小龟爬进山上瓮中，在鹊山建起九九八十一座神庙，金銮殿就落在鹊山。鹊山上一天建一庙，一连建起七十二座。这引起秦始皇怀疑，派高人打破瓮，砍掉神龟后腿，神龟变成石龟，瓮变成石瓮，从此民间就留下一句"鹊山有大庙七十二座，小庙多如牛毛"之说。民间称神蛙所化之石为神蛙石，神龟所化之石为神龟石，瓮所化之石为瓮山。

拱东石

拱东石，位于鹊山玉带的上方，是一块十多平方米的黑色巨石，向东扁鹊庙方向突起，故名拱东石。在拱东石的东半部缝隙间伴生着四棵老酸枣树，北侧还伴生着一棵古杏树。传说扁鹊在世时，到此采药，曾救治过被风拧折的五棵树，打扫过山石，这五棵树知恩图报，天天朝拜扁鹊庙。

瞻圣石

瞻圣石，又名瞻圣台，位于鹊山半山腰，是一块三十多平方米平坦横卧的巨石，凌空突出，似悬于绝壁。因巨石上有一东侧进、西侧出的洞孔，民间俗称"飞机石"。登临其上遥望，扁鹊圣迹历历在目，远处辉煌的庙宇，紫烟弥漫，隐现朦胧，不禁令人望而生情，思绪万千。相传扁鹊被害后，其弟子在山中采药，时常思念师傅，常站在此石上遥望瞻圣，因而得名瞻圣石。

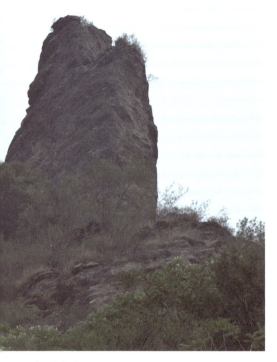

↑ 傻老婆石

↑ 俏老婆石

神医像石

　　神医像石，位于鹊山中段山峰，有一巨石突出山体，似一巨大的人头像，栩栩如生，头像面向东方仰望着扁鹊庙。传说，此像是扁鹊化身，故名神医像石。

傻老婆石·俏老婆石

　　傻老婆石，又名将军石，位于鹊山玉带北端上方，海拔在730米左右，是一黑色山石，石形像膀阔腰圆、身材魁梧的一位将军。人们称此山石为将军石，俗称傻老婆石。

　　俏老婆石，又名仙姑石，与傻老婆石相对，位于鹊山玉带南端上方，海拔也在730米左右，山石瘦小，像一仙姑，故名仙姑石，俗称俏老婆石。

　　相传，虢太子升天后玉带留在山上，成为鹊山上的白玉带，白玉带上有两个搭钩，化成一金一银两座山，山神派姐妹俩日夜守山。看银山的妹妹在扁鹊庙会时私自下山看戏，被看金山的姐姐告给山神，山神怒将妹妹点成石人。人们称此石为傻老婆石。后姐姐觉得愧对妹妹，常望石人流泪，天长日久，姐姐也化成一座石像，这就是俏老婆石。至今，姐妹两石像还遥遥相望，守护着金山、银山。

迎客石

迎客石，位于鹊山原始次生林中，登山路旁边。此石高 2.20 米、长 3 米、宽 1 米，人称迎客石。

传说，一日扁鹊带弟子在鹊山采药，正感口干舌燥时，眼前忽长出一株莲花，冒出泉水。原来是王母外甥女化身莲花，受王母之托报答回生桥救命之恩。后莲花随扁鹊行医采药，扁鹊遇害后，她站在此石上第一个把消息传给鹊山的人们。后此山石被人们称为迎客石，热情欢迎远方游客的到来。

↑ 迎客石

扩音洞

扩音洞，位于鹊山登山路右侧海拔

↑ 扩音洞

740 米的崖壁上，洞口直径约一米，洞深数米，距路面高度约五米，站在洞口对洞内大喊，声音在洞中回旋扩大，故名扩音洞。传说，扁鹊和弟子们在山上采药时靠此洞相互传递消息。

仙人洞与乔家洞

鹊山太子凹东南方险峻山腰处有一天然溶洞，古称仙人洞，海拔 980 米。传说扁鹊初进蓬山采药，曾在此洞生活居住、研究医学，编写《八十一难经》。相传，汉代内丘城中一乔姓富人出家修行，将此洞开凿扩修，故又称乔家洞。沿山崖峭壁曲径行 70 余米，

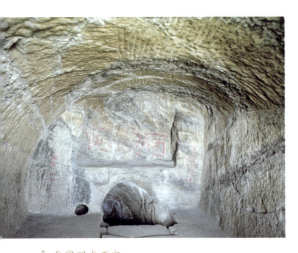

↑ 乔家洞内石室

即可到达幽静的洞口。洞口朝东，全洞分上中下三层。底层是巧借天然狭沟隘缝人工开凿成可容十余人的洞庭。向上沿自然洞穴，手脚并用，可攀登到中层和上层，中层为自然的缝隙洞，前后两侧可通上下，向里弯弯曲曲约数十米。上层为人工开凿比较规整的洞室，似一间房，东西长 4.60~4.80 米，南北宽 2.42~3.06 米，高 2~2.10 米；西墙下端有出入洞口，洞口处南侧凿有一直径 0.20 米的瞭望孔，可察看中层情况；入口上方借墙凿有一高 1.20 米、南北宽 1.88 米、东西深 0.66 米的石炕；洞室底部自然缝隙由 14 块大小宽窄不等的人工砌石铺就，入口有可移动石板堵挡；东壁沿自

然隙缝，在中间开凿出一个高 1 米、宽 0.80 米的瞭望窗口，使洞内豁然明亮；瞭望窗设计巧妙，设在一个凸出的石崖下，洞外全然看不到有窗，而在洞内凭窗而望，洞外景色尽收眼帘，令人心旷神怡。

乔家洞内，洞壁上刻文："余先人讳具考，会刘贼变，以斗粟易石为之，故一时千载，遂成千古奇观。乔钵书。"此为乔钵与其父乔中和于明崇祯二年（1629）同登乔家洞时所刻，记录了乔家先人为避刘贼"以斗粟易石"之价开凿了此洞，"遂成千古奇观"。乔中和，字还一，内丘县城西关人，明崇祯年间拔贡官至太原府通判，归乡后，静隐其洞，潜心编著经籍，寒暑无闲，频出新解，有《说易》《说畴》《图书衍》《元韵谱》《大易通变》等著作。乔钵，字文衣，工诗，与魏裔介、杨思圣等立诗社，相酬唱，著有《越吟》《苦吟》《剑阁草》《匡蠡草》《燕齐咏》《石钟集》等。传说，乔中和曾在此洞读书著说，思念家人时，便从洞窗眺望乔家楼，夜观乔家灯火。据乔家后人说，他们盖的乔家楼四方四楞，敦敦实实，叫烽火楼。白天洞内之人可直观楼房安然无事，夜晚挂盏红灯笼，以示家人安然无恙，让洞内的乔中和安心著述，勿惦家事。后来乔中和修炼成了活财神，称"乔半仙"，他的金银财宝随人走，人走哪里，财到哪里。民间有许多他施财救人的传说。

龙虎洞

龙虎洞，位于鹊山主峰莲花峰东南侧山崖下，洞口朝南，洞口为长方形，洞口宽 1.10 米，洞高 1.80 米，洞深 2.90 米，洞内宽 4.60 米。洞口右上方有摩崖石刻，因年代久远，字迹已模糊不清。洞内墙上有三个石壁造像，宽 0.58 米、高 0.40 米，中间为天官，

右侧为地官，左侧为水官。天官
赐福，地官赦罪，水官解厄。洞
内东北侧有钟乳石像龙与虎，龙
与虎中间的池子叫龙池，池深不
见底，故取名龙虎洞。

↑ 龙虎洞内三官石造像

老虎洞·睡佛石

老虎洞，位于鹊山主脊南段，
卧佛山北侧的佛殿沟内，为天然
洞龛，洞口高1米、宽2米，洞
深2米。

睡佛石，位于老虎洞西侧，
原为清泉寺佛祖殿中睡佛石造
像，睡佛头西脚东，卧长4.46米，
卧高0.60米，由人工依山体雕
刻而成。

传说，佛祖为度化妙庄王三
女儿妙善，曾派神虎从白雀庵火
海中救其到鹊山治伤，并点化她
修成正果，即为现今的"千手千
眼观音"。从此，鹊山留下老虎
洞和睡佛的故事。

↑ 睡佛石造像

九仙洞

九仙洞，位于卧佛山南缘绝壁半腰，是由一组裂隙流水冲刷而成的九个天然洞穴组成。洞穴上下错落有致，洞室忽宽忽窄、蜿蜒曲折。外看九洞各个分明，内部各个相通，形成洞连洞、洞套洞、洞中洞的景观。

传说，有九个女人得了麻风病，被赶出村，她们躲进山上石洞，想要自生自灭。扁鹊得知后，常配药送到洞中。经数年医治，这九个女人病愈，可她们不愿下山，在洞中修身终老。民间认为她们修炼成仙，称她们居住的山洞为九仙洞。

明崇祯十五年（1642）《内丘县志》记载，明代内丘县副使王彦民题诗：

九仙洞

乾坤何处觅丹方，古洞深沉背夕阳。

松入五云阴漠漠，苔封一径迹茫茫。

九仙信是蓬瀛侣，千载宁无姓字扬。

莫把桃源谩相拟，桃源已自属荒唐。

简子峪

简子峪，位于瓮山南侧，扁鹊庙西北，是一条东西长数公里的山沟，传说因扁鹊让赵简子在此沟行走治病，故名。此沟溪水常流，花草肥美，药材众多，是修身健体的好去处。

中药材之乡

神头村所在的鹊山一带，地处茫茫千里太行山中段，绿树参天，百鸟争鸣，百兽群聚，是一处凝聚天地之精、日月之华的天然药库。历史上为原始森林，是扁鹊采药、种药的四万亩赐地，物种丰富，适宜多种药材生长。因近代长期砍伐，变为次生林，即便如此，目前药材尚多达 889 种，是全国中医药材品种较多的分布地之一。

独特的区域优势和气候特点，孕育了大量品质上乘的道地中药材，这些中药材给扁鹊研究医术、治病救人提供了必备条件。扁鹊在鹊山开创了师徒相授的方法，鹊山成了当时名医集聚之地，扁鹊也闻名于春秋战国诸雄。各地前来求医治疗者络绎不绝，鹊山成了华夏最大的医学治疗中心，成了扁鹊培养人才、研究医术的基地。

20 世纪 70 年代，内丘县就被称为全国"枣仁之乡"，神头村一带是其主要产地。

酸枣树王

在扁鹊庙群百子殿后的平台上，生长着一棵高20余米，直径0.20米的酸枣树，称为酸枣树王。民间传说，扁鹊到鹊山采药，救治一棵被风连根拔起、树头拧折的酸枣树，并长期精心呵护，酸枣树年年用丰收的果实来回报扁鹊。一天，秦王请扁鹊去救秦太子，扁鹊路过酸枣树时，迷路了，他就摸着酸枣树的伤疤说："我去秦国救人，你若指了路，到时给你讨个封号，封你为酸枣树王。"话落，向秦国去的路果然露了出来。扁鹊被害后鹊山为之哭泣，万树为他默哀，这棵酸枣树渐渐干枯。直到扁鹊被封为"神应王"，酸枣树才重生新芽，长成大树。扁鹊被封为"神应王"，酸枣树也有了封号，只因扁鹊是神医，他封的树都带药性，从此酸枣仁也入了药。后来，"酸枣树王"吸天地之灵，有了灵性，想到人间投胎转世。现在你可以去百子殿后看一看，酸枣树王正等着投胎转人世哩！

酸枣仁，即枣核内所包裹的果仁，是一种名贵中药，因产于内丘县丘陵地

↑ 传说中扁鹊救治过的酸枣树王

↑ 传说中到百子殿后等待转人世的酸枣树王

区，称"内丘枣仁"，又因内丘隶属古邢州，也称"邢枣仁"，鹊山一带是其主要产区，因特殊的地质、土壤、气候条件，所产枣仁疗效极佳，自古有"内丘枣仁甲天下"之誉。枣仁，在中医典籍中多有记载，主治神经衰弱、失眠多梦、心悸、盗汗。《本草拾遗》曰："睡多生使，不得睡炒熟"。传说，内丘枣仁疗效由神医扁鹊发现并传往各地而声名远扬。《内丘县志》记载："邢枣仁以品质优良驰名天下"，"1989年开始外销，由外贸部门加工。包装转省外贸出口，年均出口18吨，主要销往欧美和东南亚各国。""近年来，19个村庄有400余户搞起了枣仁加工，年加工酸枣3万吨，加工枣仁2000吨，产值近一个亿，占全国市场份额的百分之九十以上。内丘成了中国枣仁加工之乡。"2010年11月，"邢枣仁加工技艺"列入第二批内丘县非物质文化遗产名录。

内丘枣仁加工技艺独特，以传统手工操作，经采集、晾晒、去

皮、筛渣、晒枣核、破核、筛枣仁
七道工序而成。其中破核和筛枣仁
是两道最关键的技术活。破核全凭
艺人多年的经验，用石碾将坚硬的
枣核破开，并保证枣仁表面完好无
损；筛枣仁多由悟性好、经验丰富
的老手艺人，凭借心劲、手劲、巧劲，
手工摇晃荆条编织的特制漏筛，经
粗、中、细三道不同筛眼的筛子筛
选，将枣仁和枣核壳分得一清二楚。

↑ 村民晾晒酸枣

↓ 村民采摘酸枣

　　神头村节日活动、生活礼俗、乡村庙会、风俗习惯，甚至村民日常生活的言行，都与民间信仰密切相关，处处彰显民间信仰文化的烙印。在神头村，无论到扁鹊庙，还是随意走入哪一家，无论从房屋布局，还是男女老少的言谈举止，都能看到这种文化的印迹，也能感受到这种文化的气息。随着社会发展，人们交流往来，本地风俗信仰也融入了外来的时尚，形成传统文化古今并行，与时俱进，不断革新的新局面。

扁鹊文化节

第四章

民俗与信仰

古老的扁鹊庙会

　　神头村传统扁鹊庙会，从农历二月初二到三月初二，历时一个月。在此期间，自古年年有道场活动，祈求神仙赐福，保佑国泰民安。在此居住的道士均来自各地，出身层次不同，年龄有别，有的能习武，有的懂医术，有的会乐器，有的会研经书，各有所司。他们按师爷、师傅、师兄、师弟相称，道号按辈分，同辈选同一字称之。道教戒律要求他们：积德行善，倡道，维护庙区的利益。庙区有田地、碾棚、牲口、店铺、井、农具等，生活自给自足。清末民初的道士，也就是最后一批道士，他们的道号名高永福、李永振、谢永

↓ 扁鹊庙会

安等。名字第一个字出现"永"字，可推出属道教龙门派，此派的创立者为元代栖霞长春子丘处机。20世纪40年代初，道士还俗，星散各地。

↑ 2015年太平道乐在扁鹊庙表演

神头村的扁鹊庙会，是由祭祀活动的不断升级，渐渐兴起的自发活动。明成化二十三年（1487）《顺德府志》记载："鹊山，在县西南六十里，昔扁鹊封此山，上有鹊王庙，每岁三月十八官祭，四方来香火者，甚众。"扁鹊庙内明万历六年（1578）《重修鹊王庙记》记载："是故由周而来，历二千载矣，人之骏奔、而俎豆者……"明万历十三年（1585）《重修鹊山神应王庙记》载："后人德其功肖像祀之，溯战国至今，累封王爵，盖由来远矣，岁时春和，四方士女执香币金钱走谒者，肩踵相接，归市不啻……"看来祭祀扁鹊活动始于战国时期，历经两千余年，庙会规模逐年增大，人数增多，会期延长。扁鹊庙会在当地百姓中的影响力、吸引力非常之大。传说，人们因赶庙会误了农时，三县县官到神头村撵会，驱散赶会人群。如今，扁鹊庙会赶会人数达近百万人次，香客除了主要来自邢台、邯郸、石家庄等地，范围扩展到北京、山西、山东、河南等邻近省、市，甚至扩展到我国港澳台地区，还有来自美国、韩国、日本、东南亚各国的香客。

扁鹊庙会期间，除谒拜、祭祀扁鹊外，还祭祀玉皇、后土、老君、财神、佛祖、圣母、姑姑、山神、土地、观音、菩萨等诸神。

因庙大殿多，古时还有诸神各自的庙会，如正月初九的玉皇生日庙会，二月初二的姑姑庙会，二月初十的山神土地庙会，二月十九的老母庙会，三月十八的后土奶奶生日庙会，四月初一的四架岭茶棚会，四月初四的九里岗茶棚会，六月初一的太子岩庙会，六月十三的龙王庙会等。这些活动规模较小，时间也短，一般只有一天，近年来都融进了扁鹊庙会里。

扁鹊庙会期间，各地商业企业、个体商贩在神头村沿街摆摊设点，经营餐饮食品、山货药材、书画作品、儿童玩具、布匹杂货、衣服鞋帽、地方特产等。使神头村扁鹊庙会成为以祭祀朝拜扁鹊为主，集祭祀朝拜、餐饮服务、文化娱乐、物资交流和集市贸易为一体的综合性群众文化民俗活动的大场所。

扁鹊庙会期间，人们在庙中向神仙祈求福祉平安、祛病消灾、健康长寿、求职、求学、求姻缘、求子嗣等，并举行斋醮、打扇鼓、跑功、唱神戏、拴娃娃等活动，以祈求、酬谢神仙。其中最正规的为道教斋醮活动，最具民间特色的是求子嗣拴娃娃活动，最大众化的是进香活动。

求子嗣拴娃娃活动较为特殊，是用红绳缠香拴娃娃：用红纸包上红绳、香头回家压在求子生育妇女的床铺下，待妇女生产后开始还娃娃，在孩子 12 岁之前每年还一个布娃娃或一个柏花絮，等孩子 13 岁时，孩子本人丈八红布十字披红，头戴礼帽，鬓插翎花到庙上祭拜还愿，表示孩子已成人。

进香活动也颇具特色。进香者一般是零散香客或某社团、香会组织的香客。零散香客进香比较简单，不用举行仪式，只是跪拜、烧香、献供，随心布施表示虔诚之心即告结束。有组织的香客是先烧香、跪拜神灵，再由香头表诵。他们表诵的韵律一般比较简单、通俗，带有民间文学和神话传说的性质。部分香会表诵时由香头带领，香客齐声唱诵。表诵完毕再行献供、布施"香火钱"，最后在庙前举行文娱活动，称之谓"陪功"，仪式才告结束。

乡艺表演也是扁鹊庙会的一大亮点。这些活动能深化庙会的内涵，吸引更多香客，而且还能活跃当地群众的精神文化生活。历史上扁鹊庙会的乡艺表演，堪称规模宏大，丰富多彩。这些活动有的是当地邻近村庄组织，有的是从外地香会带来。正会那一天，由专人负责组织，把众多的节目班子集中编队，前面配上三眼枪、彩旗、花伞、锣鼓、骡马方队，以游行方式进行表演，场面十分激动人心。这种形式在庙上称"行会"。"抬杠箱"和"回回"两个节目最具特色、最引人注目（均于 20 世纪 60 年代停演），是年年庙会上的亮点。现今还在表演的节目具有鲜明的北方地域特色，如打排鼓、打扇鼓、跳世平、扭秧歌、打梅花老架、杂耍等。任何一片空地都可以是舞台，各庙前的院子也是舞台。一些较好的位置专门搭了戏台，你上我下，从不间断，庙会几天，表演几天。本地还请专业或业余戏班演出，演出之前，戏班还得先到各殿祀神膜拜，然后才能登台表演。

清康熙七年（1668）《内丘县志》记载，清代内丘县令施彦士题诗：

三月三西山鹊王庙会

夙闻上池水，今谒鹊王神。

檀楠千年寺，牲牢九县人。

是真风俗地，况值祓除辰。

胜会年年事，何妨听我民。

扁鹊庙会期间内丘扇鼓在扁鹊祠前表演

扁鹊庙会期间内丘县跳世平在戏楼上表演剧目《十二个月》

内丘庆源排鼓在扁鹊文化节上表演

扁鹊庙会一条街

内丘西庞梅花老架在扁鹊文化节上表演

隆重的扁鹊祭仪

2006 年，"内丘扁鹊祭祀"列入首批河北省非物质文化遗产名录。千百年来，从帝王到百姓都来祭祀扁鹊，宋封"神应侯"，元封"神应王"。最早史料记载，见于五代后周显德年间（954~959）所立的"重修碑"："大王庙宇，颇历年华。"由此可知，扁鹊早在后周以前就称"王"了。自宋仁宗赐封其为神应侯，其祭祀活动是严格按规定进行的，每年就按王侯规格举行祭拜活动。元世祖忽必烈曾三次降旨修庙、祭祀扁鹊，明清时期历届顺德知府、内丘知县均前来祭祀扁鹊，民间祭祀更是年年不断，将农历三月初一和十月初一定为扁鹊祭祀日。这两个日子，正是内丘民间上坟祭祖的日子，因人员多、范围广，由此形成了两个规模宏大的扁鹊庙会。庙会期间，民间还要举行"斋醮"道场、戏曲献演等活动。据田野调查，其香客涉及冀、鲁、豫、晋、陕、内蒙古、津、京等八省、市、自治区，多达数十万人。

扁鹊祭祀仪式分官祭和民祭两种。官祭由府、县官员主持；民祭由民间社团组织和群众自发祭祀。官祭内容以献祭文、献香、叩拜为主；民祭主要以斋醮、叩拜和娱乐活动为主。

斋醮，是道教的规范宗教仪式，又称做道场。斋醮的天数和人数视道场的规模和规格而定。时间一般为三天，法师一般三至五人，道众四至六人，吹打伴奏人数不限。主醮的法师，由德高望重的"高功"担任。上首法师称"都讲"，主持坛内经卷事，下首法师称"监斋"，主持仪式行进，道众称"表白"。斋醮必须严格按复杂的程序进行，所上的水、果、香、花、灯、茶、食、宝、符、衣，称"十供奉"，也是按道教教义安排的。历史上扁鹊庙会的斋醮仪式非常隆重、严格、规范，但近年来已不常见到。

叩拜分摧功、表功、圆功等几个程序。表功也叫跑功，是祭祀活动的重要组成部分，是扁鹊庙会祭祀的一种特色活动。香客在祭祀、许愿、还愿时，一边口中念念有词，一边又跳又跑，尽力表示自己的虔诚。跑功的过程也是很规范的，所谓功，就是为神立功，为己求功。一个"功"下有数个环节：在神前的一番表演为"表功"，也叫"挂号"；表功之后，起身拂尘，然后众香客排列成队走几圈，为神灵跳舞助兴为"跑功"；边走边唱为"说功"；边跑边跳为"摧功"；边说边哭为"罚功"；边解边劝为"劝功"；解劝完后，众人全部打扇鼓走圈为"圆功"，也叫"圆场"。表演跑功时，或双人，或多人，手持扇鼓，打出节奏，舞步简单，常以十字步、叠脚跟为多，

↑ 扁鹊庙会民俗活动——说功

↑ 扁鹊庙会民俗活动——圆功

↑ 扁鹊庙会民俗活动——验功

边舞边唱，唱词内容也简单，不外乎表白、论理、争辩，或说经典故事等。跑功时间不受限制，一般视香客的体能和情绪而定。有一些香客越舞越劲，如痴如狂，甚至进入忘我境界。他们说，这是神催的，不由自主。有的香客甚至癫狂之极，突然倒地，不省人事，这叫"罚功"。这时常有香客头目上去劝慰，这就成了"劝功"，也称"开锁解圣"。此外还有"许愿功""还愿功"和"跪功"等。香客们制作祭祀品为"做功"；将祭祀品摆在庙前展示为"成功"也称"验功"；将祭祀品焚烧为"交功"。

此外，每逢庙会还要举行丰富多彩的娱乐活动，其中有外地人员为庙会助兴奉送的民间艺术表演，也有祭祀者自发组织的各种活动。祭祀期间，也有其他民间诸神的祭祀，但大多以扁鹊为对象。道教音乐在这里成为一个亮点，曲牌有《万年花》《腊梅花》等。

千百年来，人们通过赶庙会来祭祀扁鹊，并祈求祛病消灾、五谷丰登、利禄功名、福寿禧财、人畜平安的美好愿望。扁鹊祭祀造就了博大精深的扁鹊文化，人们在赞美讴歌扁鹊高超医术和高尚医德的同时，已把扁鹊作为精神支柱来崇拜和敬仰，逐渐形成了一种独特的民间信仰和民俗文化。

扁鹊祭祀有很高的学术价值，如此大规模的祭祀扁鹊庙会活动，在我国还为数不多，整个庙会就如一部民俗百科全书，其完整的祭祀体系，可谓是一座巨大而珍贵的无形资产。

2005年10月，"首届中国·内丘扁鹊文化节"期间，内丘县人民政府成功举办了扁鹊祭祀大典仪式。

茶棚与茶棚习俗文化

　　茶棚，是神头村独有的民间接待朝拜扁鹊庙香客的组织和场所，也是印证扁鹊祭祀久远的活化石。2015年4月，"内丘扁鹊庙会茶棚"已列入内丘县非物质文化遗产名录。

　　所谓茶棚，就是庙会活动期间，香客们临时吃、喝、住宿的小客店。扁鹊庙会茶棚遍及村中各家各户，每个茶棚都有自己固定的客源和祭祀扁鹊的独特方式。众多茶棚形成风格各异的众多小型扁鹊纪念活动，既是扁鹊庙会的重要组成部分，也是内丘重要历史文化遗产之一。扁鹊庙会出现茶棚，是因庙会历史久、时间长、规模大、香客多，饮水喝茶用量大，而逐渐形成了特有的茶棚文化。现存各地香客留下的茶棚碑刻有：明万历年间（1573~1620）《施茶记碑》、清康熙二年（1663）《桃园村新建茶棚记》、清乾隆二十年（1755）《重修茶棚》、清乾隆壬辰（1772）《鹊山圣母·重修茶棚碑记》、清光绪十六年（1890）《重

↑ 扁鹊庙会期间茶棚香客在扁鹊庙举办民俗活动

↑ 积善井

修西山凌□阁茶棚碑》等。从碑文中可知，至少在明万历年间已有大量扁鹊庙会茶棚存世，不仅神头村有，周围村也有；庙中有，庙外也有；山上有，各地通往神头村的路上也有。

在交通不便的年代，不论是坐车、骑马、步行，都是很辛苦劳累的，喝水是第一需要。因此，神头村不仅设有接待山西、河南、山东、陕西等省香客的茶棚，河北境内如曲周、广平、巨鹿、隆尧、邢台、邯郸等地也在扁鹊庙会期间于神头村和沿途大道设有茶棚。如：隆尧县泽畔村明万历年间《施茶记碑》碑文记载，泽畔村为山东到蓬山（今内丘鹊山）要道，每年到扁鹊庙会时，村中设巨釜煮茶供香客饮歇。因为庙会期间香客多达数十万，在内丘县境内通往神头村的路上，每隔三里二里就有茶棚。柳林村是距神头村较近的村庄，又是众香客必经之地，传说其村名的来历，就是因此处用柳木搭棚设茶棚，日久天长插柳木成林，而得名的。据田野考察，内丘县境内现存二十多座古石桥，其修桥碑文记载，皆是各茶棚香客为赶扁鹊庙会而捐资修建的。即使现今交通便利，据 2016 年不完全统计，扁鹊庙会期间在神头村仍设有茶棚百余家。历史上神头村家家曾设茶棚，因庙会期间街巷人多路堵，出门挑水很不方便，村民户户在自己院中挖井，满足庙会茶棚用水。随着岁月变迁，水改土移，许多古井已埋于地下，但位于神医北街的积善井至今仍在使用，号称"涝不溢，旱不干"。位于一家庄的太子井和太子龙潭等，至今仍在为各地香客服务。

扁鹊庙会茶棚的组织形式，多种多样，有的以发起人居住村设名，如邢台县尹支江茶棚；有的以相邻几村设名，如内丘县吴村宋村茶棚；有的以地域主要村庄信仰的诸神设名，如任县吴岳老药王茶棚；有的以几县合棚设名，如曲周、鸡泽、邱县、平乡、广宗、南和、威县、临西这一路的称东八县四架岭茶棚。这样的茶棚，只接待特定区域内的香客，由地域香客捐资兴建，作为一村或数村的公产，明显带有地域会馆性质。

扁鹊庙会茶棚分民居茶棚、购地建庙茶棚和购地居落茶棚。民居茶棚一般是临时性占用民居。神头村地处东西走向的山沟两侧，择地而建茶棚比较困难，把茶棚和民居结合起来而且固定化，这种营作方式确实少见，也很具地方特色。比如，某地域香客，出资购炊具、茶具和苇席等，存放于一农户家，会期一到，即搭建茶棚开张接待。为此，这家农户让出空房，并协助烧水做饭，接待客人。庙会结束时结账，剩下的食物全部留给农家以作补偿，因为这户人家在庙会的所作所为，均是无偿的、义务的，这就是神头村人可贵的精神。这种茶棚香客和农户的关系，基本上是固定不变的，也是世代相传的。

↑ 扁鹊庙会期间隆尧县香客在扁鹊墓前表演"十二个月担子经"

购地建庙茶棚和购地居落茶棚是由外地人、香客或商人，个人或集伙，购地盖房建立茶棚，所有权归建者所有。庙会期间，归建者使用。如神头村现存的邢台县四姑姑楼购地建庙茶棚，东

↑ 茶棚外祭祀活动——扫山

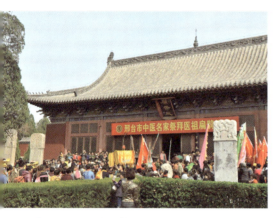

↑ 扁鹊庙会茶棚举行活动——献衣冠

八县四架岭购地居落茶棚等。扁鹊庙会期间，各家茶棚开门迎接各自香客，那场面又如开设扁鹊庙会各个分会场般热闹。茶棚内民俗活动丰富多彩，除各具特色的祭祀品外，还表演各自独有的担子经、扫山、打扇鼓等娱神活动，把扁鹊庙会推向一个展现各种文艺表演活动的社会大舞台。

扁鹊庙会茶棚为扁鹊庙会活动组织了大量香客，可以说，赶扁鹊庙会的人员，十之七八是茶棚香客。这既是扁鹊崇拜和信仰的生动写照，也是扁鹊庙会会期长、规模大、香客多、经久不衰的重要原因，从而造就了特色独具的茶棚习俗文化。

扁鹊庙会茶棚祭祀品

瑰丽多彩的节日民俗

神头村同全国一样，传统节日有春节、元宵节、清明节、端午节、中秋节、重阳节、冬至、腊八日等，独具特色的节日活动有祭灶、贴嘎嘎、拜年踩芝麻秸、祭财神、撒年灯、烤杂病等。

祭灶

每年农历腊月廿三，是家家户户祭灶的日子，神头村也不例外。年年每家都请灶王爷，并在灶间专设灶王的位置，张贴神码供奉。民间认为，腊月廿三是灶王爷上天向玉皇大帝汇报一家一户一年的生活情况，人们在这一天，都要在灶王爷神码前点上灯，烧上香，准备供品。摆上的黑豆、草料和清水是为灶王爷坐骑备用的，特有的糖瓜是为灶王爷准备的，意为封上灶王爷的嘴，多说好话。再点上烧纸，跪拜念叨："年年腊月二十三，糖瓜祭灶把嘴粘，打发灶王爷上了天，好话多说，赖话少说，抛米撒面你甭说，多报拿弓拿箭（指男孩）的，少报拿针拿线（指女孩）的。"然后把灶王爷神码揭下烧掉，意为送灶王爷上天汇报去了，年三十再把灶王爷请回家。祭灶，虽说是一个民间信仰，但在老百姓心目中，一言一行都在灶王爷监督之下，让人们自觉自律，规范自己的言行。

↑ 神头村民在祭灶

贴嘎嘎

每年农历腊月二十八，神头村家家有贴嘎嘎的习俗。民间有歌谣：

年年腊月二十三，糖瓜祭灶把嘴粘；二十四扫房子，二十五做豆腐，二十六去剌（割）肉，二十七打糕宰公鸡，二十八蒸馍贴嘎嘎（花花），二十九打酒挂灯笼，三十晚上吃饺子，大年五更乱磕头。初一串本家，初二拜舅舅，初三走丈人，初四看姨姑，初五送穷不出门，初六叫叫老闺女。

贴嘎嘎是指年节时人们在天地龛内、厨房内、生活用具等处张贴所信奉的神灵码，在各个门上张贴对联，在院内、街道挂上五颜六色的剪纸吊挂，在窗户上张贴窗花，在屋内张贴年画等活动，以烘托过年气氛。贴完嘎嘎，点上香烛，再拉上一挂鞭炮，请来民间俗神，与民同乐，热热闹闹的年节就算真正开始了。

↑ 神头村民家年节时张贴的神灵码和对联

拜年踩芝麻秸

每年农历大年初一，是全国人民拜年的节日。在内丘，家家拜年有踩芝麻秸的习俗。随着社会文明的发展，这个习俗在内丘逐渐消失，但在神头村，这一传统习俗还在延续。关于这一习俗的来历，有一地方传说。

相传，姜子牙没成事前，老婆嫌弃他穷困潦倒，离他而去。后姜子牙成事，大封天下之神，其老婆前来讨封。姜子牙说："你还来讨封，你吃粪都不够资格。"本是气话，哪想他老婆真占了粪神位。姜子牙知道老婆的本性，怕她给百姓带来晦气，就准她吃供奉，但听到芝麻秸响声，就得离开。于是家家户户，年三十中午请诸神时，将粪神请来，晚上就在院子里撒上芝麻秸，大年五更人们拜年时，踩上芝麻秸发出响声，粪神就得离开。这一拜年踩芝麻秸的习俗，意为大年初一赶穷神，去晦气，以后的日子像"芝麻开花节节高"一样，一年更比一年强。

祭财神

每年农历大年初一上午，神头村民到村西扁鹊庙群的财神殿拜财神，燃放两响鞭炮，这是全村过年的一项习俗活动。这项活动必须是一家一户的男主人参加，过年时不论在外多远工作，都要赶回家参加这一活动，意为在新的一年里发家致富。

撒年灯

每年农历正月十五晚上，是元宵节观灯、吃元宵的日子。而在神头村有撒年灯的习俗。特别是年前娶新媳妇的人家，必举行这项活动。这天村民用黍米碾面，将面经过烫、蒸，做成龙、鸡、狗、鱼等动物形状的灯盏，称"年灯"，晚上将龙灯摆放在天地桌上，其他各种年灯摆放在各个神码前，谓"撒年灯"，寓意照毒蝎去邪气。婆媳撒年灯时，婆婆念念有词："婆婆点，媳妇撒，一亩地打八担。"

↑ 神头村"偷"年灯的男孩

↑ 神头村民在"烤杂病"

寓意婆媳和睦相处，共同持家，当年粮食可获大丰收。撒完年灯，全村小孩子可进门去"偷"年灯，谓之"投小登"，寓意"小登科"，新媳妇可得子嗣。这是一项家和万事兴的独特民俗活动。

烤杂病

每年农历正月十六晚上，家家门前点火"烤杂病"，是内丘传统习俗，神头村也不例外。这天，人们在家门前堆上芝麻秸或秫秸、柏枝，还要准备旧帽子，求子嗣的人家，还要准备枣、箅子、蒲墩、炊帚，天色一黑、掌灯时分，家家门前都点燃柴草火堆，全家人围在一起烤火，嘴中还念叨："烤烤脚脚不疼，烤烤腿腿不疼……"一直念完身体各个部位，称为烤杂病。烤火时，边烧东西边念求子嗣曲："烧个枣来个小，烧个箅来个妮，烧个墩来个孙，烧个炊帚来一对。"充分展现了人们祈求家庭人丁兴旺的愿望。人们烧旧帽子，寓意是烧去一家人身上的丑貌（晦气）；将正月十五做的年灯放进火堆中烧烧吃，意为百病不生；烧柏枝意为祛除百病。烤杂病时还有户户串着烤的习俗，串的户越多越好，俗有

"烤百家火祛百种病"之说。这也是村民年节中最后一次大聚会，正月十七早晨拜神送神后，村民开始出外，经商的经商、做买卖的做买卖。

祭山神土地

祭祀土地源于远古人们的土地崇拜，古人对土地极为敬重，有了土地才有了农业，才有了衣食。土地是人们衣食住行赖以生存的最基本保障，是人类的"衣食父母"。最初的土地神是社神。"社"的本意就是"示土"——祭祀土地之意。古人说："社者，土地之神，能生五谷。"同样，山在人们心目中有着十分重要的地位，因此，自古人们将山岳神化加以崇拜，敬奉为山神。民间认为，山神土地能尽量满足百姓诸多要求，从缔结婚姻到求生贵子，从捉贼追赃到保佑风调雨顺，等等。神头村地处山区与丘陵交界地带，俗话说，靠山吃山，山和土地都是村民赖以生存之地，为了感谢山和土地，神头村的人们供奉、祭祀山神土地，举行特定的祭祀仪式，并将农历二月初二定为山神土地生日。即日，村民备上香烛供品，到山神土地庙祭拜。在古时，还要在庙前搭台唱戏，举行社火表演。现今这些活动已消失，但村民敬供山神土地之俗仍在继续。

鲜活古朴的生活习俗

　　婚丧嫁娶、添丁进口在农村俗称"过大事"，是人生大事，也
是全村"一家有喜百家乐，一家有难百家帮"团结互助的古老传统。
届时，全村男女老少、亲朋好友都来帮忙，还要随上一份带着浓浓
亲情和乡情的厚礼。

婚嫁习俗

　　神头村婚嫁习俗同全国一样，经媒人说合，男女双方互换更贴
和信物，男方下聘礼定婚期，举行婚礼，敬酒，回门等。

　　婚礼中传统礼俗很繁琐，比如送食箩、送嫁妆、随身饭、抱包
袱，喜娘扫轿、上轿迎喜神，路遇寺庙坟地要拉红毡持红毡遮挡，
下轿喜娘为新娘绞脸梳头意为已婚，新娘拜天地、进洞房，新郎揭
新娘蒙头红、闹洞房等。各个礼俗做下来达近百道程序，现今虽简
化，但有的习俗保存下来，也是为了增加喜庆气氛。

↓ 神头村民婚礼上的送嫁妆

丧葬习俗

神头村丧葬习俗同全国一样，人死后，要排三、五、七、九日停尸，找乡亲们帮忙俗称"找撺掇人"，给亲朋好友报丧，举行葬礼，烧七纸（过十个七，也就是过十个阎王殿）等。

丧葬中葬礼最繁琐，比如孝男孝女为死者净面、整容、穿寿衣、戴寿帽、着寿鞋袜、塞噙口钱、盖脸纸、卧草铺，以麻绳缠足，袖筒内装芝麻饼等，

↑ 神头村丧葬"点火伛烟"

大门扇贴白纸，门口插"吊幡"，报庙送魂，入殓，出殡、埋葬等。各个礼俗做下来达近百道程序，现今虽简化，但有的习俗保存下来，是为了表达人们的哀思。比如"点火伛烟"，在出殡时，灵车经过的街巷，乡亲们在自家门口点燃一堆柴草进行伛烟，灵车过后，将灰烬扫散，意为给亡灵送行，表示让逝者放心走，家里的事乡亲们会帮忙的，也有阻拦亡灵进家之意。

生育习俗

神头村生育习俗同全国一样，婴儿出生后，先向姥姥家报喜，再扣上八斗篮子，装一升小米，烙一张饼，生男孩者，另放一本书，生女孩者，放一束花。在大门环系红布条，表示添丁进口。姥姥为新生儿做"三日儿""八天""十二天""过满月儿"，再到姥姥家"住满月儿"。走时奶奶在额头上抹黑，来时姥姥在额头上抹红，意为保

↑ 神头村生小孩人家在门口系红布条

↑ 神头村民留在柿树上的"老鸹等儿"

孩子安全，邪气不上身。其中新生儿过十二天为最隆重的庆祝习俗，届时邻里乡亲、亲朋好友带着鸡蛋挂面、布匹衣服等礼品前来贺喜。

采摘习俗

天、地、人合一是中国传统文化的最高境界，《老子》说："人法地，地法天，天法道，道法自然。"其实说的是人与自然天道相协调，如能"天人合一"，就是最高境界了。因而，在生存环境的选择上，应"辅相天地之宜"。如天变，人也应效法天而变，顺其自然。"法天相地"，力求"天助、人助"，"万物兼育而不相害，道并行而不相悖"，使人和周围的环境、气候、天象、动植物、地形等形成协和、共进、互助的关系，从而达到"天人合一""天人相助"而"致中和，天地位焉，万物育焉"的境地。神头村的采摘习俗就是这一原则运用的典范。

神头村粮食作物以玉米、谷子和杂粮为主，果实以柿子等为主，山多地少，庄稼和果树产量并不高，但村民在收割庄稼和采摘果实时，都要在田边沟沿留上几棵高粱、玉米、谷子，果树上留上几个黄澄澄的柿子、黄灿灿的甜杏、红彤彤的苹果等，那是留给天上飞的鸟儿、地上跑的野兽吃的。自古以来，这里的人们认为，地上长的、树上结的东西，不光是叫人吃的，也应有鸟兽们一份。村民对留下的那一份庄稼和果实，俗称"老鸹等儿"。这就是神头村民朴素的人与天地万物和谐相处，"天人合一"的一种思想。

拜干亲习俗

拜干亲习俗是民间流行的一种生活礼俗，目的是为了巩固人们之间的互相帮衬关系。神头村地处山区与丘陵交界之地，山高路远，人口单薄，为了更好地生存，自古就有拜干亲之俗。传说，春秋时期扁鹊在这里采药行医，收有十二个学徒，其中有几个认扁鹊为义父。拜干亲是因人口单薄之家，怕小孩不好养，故与生育子女多、人口兴旺的人家结拜。生小孩人家到欲结拜人家送礼磕头，结拜人家必须给小孩起名认拜，小孩称结拜人家男人为"老拜"、称女人为"老家"，即干爹、干娘。拜盟兄弟、拜干姊妹，也是人丁少人家同人丁兴旺人家结拜。程序主要是择吉日，在天地桌前，插香点烛盟誓，拜天拜地，举行仪式，让天地日月见证。之后两家以亲戚相称，逢年过节，家有大事都要互相走动、互相帮忙、互相送礼品。

神头村是一个历史悠久，文化底蕴深厚，有着两千多年历史的文化名村；神头村是一个灵山秀水孕育出的充满美丽与神奇的古村落；神头村是一个到处洋溢着神医扁鹊传说故事和遗迹的传统村落。

↓ 莲花峰

第五章
文化集萃

扁鹊与扁鹊传说

　　扁鹊姓秦，名缓，字越人，号扁鹊又号卢医，春秋战国时医学家，齐国渤海郡鄚州（今河北任丘）人，师从长桑君。因他医术高超，被认为是神医，所以当时的人们借用了上古神话的黄帝时期神医"扁鹊"的名号来称呼他，并得晋国大夫赵简子赐田四万亩于蓬山，内丘成为扁鹊的第二故乡。他首创中医"望、闻、问、切"四诊法，被称为"脉学之宗"；擅长针灸、艾灸、按摩、熨贴等疗法，开创了以铁代石、以艾代灸的针灸疗法新局面；熟练运用剖割手术，开创了外科手术和麻醉术的先河。扁鹊周游列国，随俗而变，精通

↓ 20 世纪 50 年代拍摄的扁鹊庙群

内科、外科、妇科、儿科、五官科等，成为中华传统医学的奠基人。他还提出了"六不治"之说，体现了提倡科学、反对迷信的唯物主义思想，树立了高尚的医德医风。扁鹊著述甚丰，有史可查的就有二十余种，如《扁鹊内经》《扁鹊外经》《扁鹊镜经》《八十一难经》等，但大部分已佚失，仅有《八十一难经》传世。被世人誉为中华医祖，其事迹载入汉司马迁《史记·扁鹊仓公列传》。

神头村鹊山是扁鹊文化发祥地，扁鹊的第二故乡，也是他的赐地和采药制药、授徒传业、开创中华医德医术奇迹之地。他在秦国惨遭奸人李醯等杀害后，普天震惊，众弟子冒死千里盗头，刻木身凿石穴安葬于鹊山脚下。青山为其戴孝，襄河为其悲咽，焦子村、郎（狼）家庄和蓬山一带民众感念他一生普救众生的恩德和致力医学

↑ 内丘扁鹊大道扁鹊塑像

进取的贡献，为他立祠建庙，并在他遇害的农历三月初一和安葬的
农历十月初一立庙会公祭，世代以神崇祀至今。九龙柏、药石、手
术石、洗肠沟、捞肠沟、仙人洞、回生桥、佚妹柏、药泉、碑刻、
庙宇、陵墓等形成震聩世人心灵的人间奇观，并衍生出许多脍炙人
口、催人泪下、情节曲折、引人入胜的传说故事：有"奇治赵简子""入
王宫大战巫医""劝治齐桓侯"等人物医术传说故事五十余篇；有
"神头村的来历""太子岩与扁鹊庙""莲花峰"等地名传说故事
五十余篇；有"透灵碑吓死赵县官""九龙柏的传说""回生桥"
等人文风物传说故事六十余篇；有"五灵脂""酸枣王""药石的
故事"等生活传说故事四十余篇，等等。这里的神医扁鹊遗迹和传
说故事构成了风景独特的文化现象，彰显和述说着这位伟大医祖的
史实和传奇人生，颂扬着他探索中华医学奥秘的艰难坎坷和矢志不
渝的献身精神。它们从不同侧面，反映着百姓对扁鹊这位精研医术、
救治苍生的一代医祖深深的怀念之情。

扁鹊传说故事广泛流传在民间，但未做收集整理。进入 20 世
纪 80 年代，省、市、县文化部门开始开展民间故事的收集整理工
作，先后出版发行了《三套集成·内丘民间故事选》《神医扁鹊的
故事》《鹊山轶闻》《扁鹊的传说》《图说扁鹊》《扁鹊》《神医
扁鹊》《扁鹊传说故事连环画集》等民间故事书籍。其中，《神医
扁鹊的故事》1989 年获得首次中国民间故事集成成果展出奖，《神
医扁鹊》2014 年获得第十一届河北省精神文明建设"五个一工程"
奖。2015 年 4 月，扁鹊传说故事被列入内丘县非物质文化遗产名录。

历代遗存的古诗名篇

位于神头村的鹊山，钟灵毓秀，人杰地灵。古往今来，文人墨客、达官贵人游览鹊山、拜谒扁鹊庙，留下了众多脍炙人口的五言、七言古诗、律诗，绝句和歌赋，据历代《内丘县志》和古碑刻记载，达六七十首。如唐代著名诗人于鹄的五言古诗《秦越人洞中咏》、元代中书平章政事不忽木的绝句《鹊王庙》《九龙河》、明代顺德知府孙锦的五言律诗《鹊山》、清代内丘县令施彦士的歌赋《三月三西山鹊王庙会》等，豪放飘逸，构思新奇，抒发了诗人对扁鹊的缅怀和敬仰之情，同时也描写了鹊山山清水秀、鸟语花香、风景如画的胜景。

摩崖石刻与古碑

神头村作为历史文化名村，境内留存了大量的金石录，包括摩崖石刻、碑刻、石雕等遗物。

"莲华峰"摩崖石刻

"莲华峰"摩崖石刻，位于鹊山极顶莲花峰最高峰阳面崖壁断面上，阴刻双沟楷体"莲华峰"三字，字大径尺，苍劲有力。左边竖行刻"清康熙八年，临城乔已□□内丘乔□□"，距今已有300余年。因佛教尊崇莲花，莲花满载禅意尊圣，古时"华"同"花"，因此当地称之为莲花峰。

↑ "我欲振衣"摩崖石刻

"我欲振衣"摩崖石刻

"我欲振衣"摩崖石刻，位于鹊山东坡山腰海拔800米的悬崖绝壁上，石面稍做加工、磨平，横书阴刻楷体"我欲振衣"四个大字，左侧旁书阴刻两竖行"崇祯三年春三月庚午，郡守西浙金之俊题"。金之俊，嘉兴人，明代天启年任顺德知府，清初任尚书、大学士。"我欲振衣"意为想要摇动我的上衣作翼，飞向仙境，早日成仙。

"雷乔谈禅处"摩崖石刻

"雷乔谈禅处"摩崖石刻，位于"我欲振衣"刻字左侧，为原山崖，未做任何加工，竖行阴刻"雷乔谈禅处"五字。不显纪年款识。其刻字的"雷、乔"二字，考其为两个姓氏，雷即明崇祯内丘知县蒲江选贡雷鸣时；乔即乔钵或乔中和，内丘人。雷、乔二人在此交谈述说了什么，至今还是个谜。雷鸣时曾写下《登太子岩》七言律诗。

↑ "雷乔谈禅处"摩崖石刻

"九龙桥石柏"石刻

"九龙桥石柏"石刻，位于九龙柏前，在一块横长的山石上，阴刻楷体"九龙桥石柏"五字。字体苍劲有力，刀法镌刻遒劲。虽为简练几字，却点明了九棵柏树的名称、位置及生长环境，既给游客指点迷津，又含怀古之情，意味深长。

后周残碑

1954 年，中国中医研究院研究员马堪温、丁鉴塘来内丘神头村调查时，发现此残碑，为目前已知扁鹊庙立碑时间最早的碑刻残料。此碑立于五代后周显德年间（954~959），距今已有一千多年。周显德帝为周世宗，即柴荣，是周太祖郭威的义子，二人均为邢州尧山（今隆尧）人。隆尧是内丘邻县，此时为扁鹊庙立碑，应当有个说法，惜此碑已失，仅存拓片资料。根据拓片，碑额仅残留两字，碑文残留62字：

……大王庙宇 颇历年华 雨漏风吹 梁欹柱侧……乃急征良匠刊石……赞曰 鹊山幽趣 鸢鹤盲羽……吴越称卢 德震环区……神殿清澈 装塑光洁……征巧刊石 磨成碑碣……时大周显德……

这尊残碑透露的最重要信息是：后周时，扁鹊已封王，至于是哪个朝代、哪个帝王封的，不详。残存的两个篆字中，就有一个"王"字；残存的碑文中，提到"大王庙宇""鹊山"等字样，同时也得知古蓬山已改为鹊山。

这也是一尊重修碑，因为它说"大王庙宇，颇历年华，雨漏风吹，梁欹柱侧"，看来损坏得还不轻。文中除了赞颂扁鹊其人其事，同时还赞曰"鹊山幽趣"。从"神殿清澈，装塑光洁"看，修葺的规模和质量一定很可观。

↑ 后周碑拓片

宋熙宁二年《重修神应侯庙记碑》

宋熙宁二年《重修神应侯庙记碑》，立于1069年，碑高2.05米、宽0.80米、厚0.22米。圆形碑额，碑文楷书，共21行，每行40余字，共700余字。现存于扁鹊庙群碑廊内。

碑文记载内容大致如下：扁鹊庙规模较小，建筑较破旧，但香火非常旺盛。邢州知府李瑞懿曾多次到内丘扁鹊庙祭祀，特别是遇到大旱灾情时，要去求雨，而且每每见效。因此他下决心要回报神灵，扩修扁鹊庙。他了解到，神应王庙的香火收入颇丰，但均上缴官府。他马上下令，让县令把这笔款返回庙宇，作为修复资金。此举马上见效，扁鹊庙的规模更大了，殿堂新了，面貌变得庄严整齐、雄伟壮观，香火也就更加旺盛了。

修复既竣，知府李瑞懿命内丘知县张仲孙立碑志庆，命当时的邢台县知县杨守道撰文并书写。此碑文反复讲叙立碑的用意，宣扬英灵良行的意义，也依托《史记》等资料，介绍扁鹊的一生。其中有一点是很值得注意的，就是说扁鹊所处的战国时代，遭遇乱世，天子也不明智。凭才智，扁鹊委曲求全可谋个官位，但他却凭自己的能力和技艺，埋湮于民间。既然能拯救百姓，为百姓谋福，为什么一定要当官呢！尽管扁鹊后来得到赐地，却仍然云游四方，为百姓行医送药。

明成化二十三年《重修鹊山庙记碑》

明成化二十三年《重修鹊山庙记碑》，立于1487年，现存于扁鹊庙群碑廊内。

碑文记述了扁鹊祠的位置及扁鹊诊治赵简子之疾、得其赐田蓬山并久居于此事宜。其中显示一个信息，明代开国皇帝朱元璋曾对全国祭祀标准进行了一次调整，像民间类似扁鹊这样的"王"，祭祀的很多，但为什么把扁鹊留下？成化年间顺德府知府林恭对扁鹊备加推崇，曾亲临扁鹊庙进行官祭，并督促知县夏勋，重修扁鹊庙。

碑文中，称赞林恭知府对百姓有所作为，并提出，衙门官吏，若都像扁鹊那样为民谋利，肯定会得到百姓的尊敬和称赞。立碑之目的，也就是要记录高尚义举，激励今后在这里做官的人为民谋利。

清光绪二十二年《重修鹊王庙碑记》

清光绪二十二年《重修鹊王庙碑记》碑，立于1896年，现存于扁鹊庙群碑廊内。

碑文内容记述了上古时期有一个叫扁鹊的人与轩辕黄帝一样，精通医药，等到了春秋时期，郑国（今河北任丘）有一个名医，姓秦，名缓，字越人，在齐国卢邑（今山东长清区西南）行医时，人们称他为"卢医"。曾有一不同寻常的人叫长桑君，传授给了他医药秘方、号脉看病。他靠这医术周游列国为人诊病，随（今湖北省随州市）大夫季梁称他为神医，虢太子相信他的医术而起死回生，齐桓公不听他的劝告而丢了性命。人们看他诊病有灵丹妙药，能妙手回春，就像上古时期的神医扁鹊，就称他为"扁鹊"。后来，他到邢襄（今河北邢台市）行医，隐居在蓬山（今河北内丘鹊山）。晋大夫赵简子在中丘蓬山（今河北内丘鹊山）赐给他田地四万亩。汉唐以来，人们在这里为他建庙祭祀。年代久了，社会上不太清楚扁鹊庙的来历，说山上有一块白石，外形像一只鹊鸟，因此，山名叫鹊山，庙名叫鹊王庙。鹊山、鹊王庙名称相同，但来历不是因为

"鹊鸟"，而是因为"扁鹊"，是两回事。

从碑文中我们知道几个信息：一是扁鹊姓秦，名缓，字越人，号扁鹊，这很符合我国古代取名、字、号的讲究；二是扁鹊游医曾到过现今的山东、湖北、河南、山西、陕西、河北等地，但最后隐居的地方是河北内丘；三是内丘的鹊山和鹊王庙都是因纪念扁鹊而得名，汉唐以来，人们在这里为他建庙祭祀。此碑为扁鹊文化研究留下了珍贵的实物资料。

石辟邪

石辟邪，俗称神兽、飞马、四不像，其头像狮有角、身像龙有双翼，是东汉时代石刻，国家二级馆藏文物。石刻残高1.42米、长1.82米、宽0.80米，青石质，体形硕大，足有一吨重。兽身左右两侧各饰有贴身双翼，背、腿部位饰有对称均匀的宽条状卷毛纹；胸、腹部分刻有竖、

↑ 石辟邪

横向凸楞纹；脊部自前至后饰有连缀球状纹；头顶有双角，环眼阔口，舌尖上翘，耳如削竹，长须镂空垂于胸前，小腹收敛，尾较小。此兽瞠目张口，昂首挺胸，躯体健壮，姿态传神，兽身纹饰线条粗犷，雕刻技术细腻精美。惜多处残缺，但就其健壮生动的造型而言，仍不失为一件艺术珍品，为中国美术史研究提供了不可多得的实物资料。

辟邪石雕是大型陵墓前神道两侧对称的附属物，原来在内丘县境内共有四尊，分雌雄两对，均出土于内丘县大孟村镇，遗憾的是另外三尊于民国年间流失国外。据调查：1928 年，有外国人以每件四百块大洋从吴村购走两件"飞马"，从吴村南面 3.5 公里的十方村购走一件"飞马"，共计三尊，均自内丘官庄火车站运走。1952 年在十方村北农民耕犁时挖出另外一尊，经河北省文管会冀克武先生鉴定后，建议就地掩埋保护；1999 年 5 月，在搬迁十方村过程中又被挖出，由内丘县文物保管所运到扁鹊庙保护。

鱼龙石壁

鱼龙石壁，明代石刻，内丘县重点文物保护单位，1991 年 11 月出土于内丘县城南关口，原为南关关帝庙影壁，现存于扁鹊庙群碑廊内。该壁青石质，质地细腻，整体形制为仿木结构，横长 2.06 米，通高 1.90 米，厚 0.40 米，由壁顶、壁身、壁座三部分构成，壁座遗失。

壁顶雕有高脊、筒瓦、滴水、瓦当等建筑饰件，瓦当和滴水均刻莲花纹饰。

壁身上宽下窄略呈长方形状，独石雕刻而成，高 1.25 米。壁身正、背、两侧四面均刻有图案。壁身正面中央部位刻一圆形开光，直径 0.95 米，开光内采用浮雕形式，刻画出一条活灵活现、纵身跃出水面、望着圆月的鲤鱼，背景饰有翻滚的波涛。鱼鳞鱼鳍、浪花雕刻纹路清晰细腻，似听到鲤鱼出水、浪花飞溅之声。开光外饰对称连续缠枝忍冬纹图案，近边沿刻有长方形小界格，界格内刻有莲蓬、缠枝莲花和缠枝牵牛花图案。整个画面虽未题字落款，可谓"鲤鱼望月图"，象征幸福、吉祥。

壁身背面线刻山水田园画卷，整个画面构图严谨，疏密得当，妙趣横生。远处峰峦叠嶂，祥云飘飘，殿宇栈阁，农家小屋，翠树葱茏，层层林立；远景山腰间，有一樵夫肩挑柴担，躬身逐级而下。中景水岸田园，农夫扬鞭、黄牛耕犁劳作正酣，身后一农妇提篮携幼，时至晌午送来田间午饭。近景溪水扬波，舟、桥、亭、阁错落有致；左侧松间凉亭内有一书生伏案苦读，如饥似渴，桥面一侍从遵夫人之命呈送食物，另一侍从已将食物送达凉亭；右侧水面荡漾，漂来一叶篷舟，侍者持橹，主人垂钓。全幅所绘人物十个，故事安

↓ 鱼龙石壁正面

排巧妙、构思跌宕，虽是刀锤之作，但造型准确，生动传神。虽未题字落款，从画中内容可知农耕社会"渔、樵、耕、读"，是古人向往的悠闲自得、安逸恬静的田园生活。整个画面雕刻的山、水、人物、舟、桥、亭、榭、水岸、松林等呈现出立体空间；人物动作鲜活，栩栩如生，似听到风声、水声、人声，观者如临其境。

壁身两侧浮雕图案呈竖长形，左侧为喜鹊、梅花、竹枝，红日图案，寓意"喜事连连、梅开五福、竹报平安、红日高照、喜上眉梢、竹梅双喜"；右侧为玉兔、蝴蝶、菊花、弯月图案，寓意"玉兔伴月、举家欢乐、蝴蝶扑菊、安居乐业、福禄禧财、健康长寿"。这八种图案象征着幸福吉祥、平安如意，为中国传统题材图案。

鱼龙石壁的雕刻工艺采用了圆雕、浮雕、线刻等手法，设计巧妙、布局得体，造型独特、主次分明，技巧娴熟、刀法简练，线条刚劲、恰到好处，图案新颖、寓意深刻。鱼龙石壁是中国绘画艺术与中国雕刻艺术的完美结合，刻刀似笔毫、石壁如帛宣，线条刚劲老辣，走笔力挺千斤，以质朴有力而转折顿挫的手法，辅以雨点皴、芝麻皴，使混沌坚凝的岩石肌理更富感染力，用笔舒缓轻盈如行毫于帛宣，抒情的线条流动着音乐般的旋律，轻松而静谧，恰如中国文人淡雅的心绪，如歌如梦。画面整体布局以平远取胜，以水泊留白体现了"透、露"技法的空灵与清丽。这尊山水画镌刻鱼龙石壁作品非常少见，无论从艺术、历史、科学价值都不失一帧巨制佳作，弥足珍贵。

翁仲石像

翁仲石像，元代石刻，共两件，现存于扁鹊庙群扁鹊墓前神道两侧，为元代翰林待制冯智墓前神道两侧的附属物，1995 年出土于内丘县政府现址。两个翁仲像石雕均为立像，青石质，完好无损，戴冠、着袍、双手持笏，线条粗犷古朴，面部表情丰富，分文臣、武臣直立于方形石座上。文臣通高 2.20 米、宽 0.65 米、厚 0.40 米，神采飘逸；武臣通高 2.30 米、宽 0.75 米、厚 0.50 米，魁梧雄健。

↑ 翁仲石像文臣

石牛

石牛，雕刻年代待考，现存于扁鹊庙前院，1995 年出土于内丘县官庄乡（今官庄镇）小驿头村，青石质，雕刻为卧牛状，长 1.50 米、高 0.90 米、宽 1.00 米，重约一吨，手法粗略，未深加工。

↑ 石牛

中国民间
文化遗产
抢救工程
THE PROJECT TO CHINESE
FOLK CULTURAL HERITAGES

SOS

1937年"七七卢沟桥"事变后，抗日战争全面爆发。同年10月10日至14日，日军飞机轰炸了内丘县城，内丘人揭开了抗日斗争的序幕。神头村地处山区与丘陵的交界处，山高林密，这里就成了抗日中的堡垒村。

↓ 抗日县政府驻地旧址

太行山上的抗日堡垒

抗日政府根据地

　　1937年11月，内丘县成立抗日县政府。1938年5月至1939年5月，内丘抗日县政府设在神头村，他们组织群众重建家园，恢复生产，积极开展抗日根据地的各项工作，在神头村开办培训班，培训抗日活动人员，宣传抗日，提高群众觉悟。此后，内丘的抗日工作逐步走向正规。1938年2月，内丘县抗日游击大队（简称县大队），在抗日政府和冀西民训处领导下在神头村成立。第一任队长是赵贵林，副队长是任庭献。其主要任务是担任县政府警卫、催粮、派款和协助办案。1938年7月15日至17日，内丘县农民抗日救国会（简称县农会）成立大会在神头村召开，讨论通过了农民抗日救国会会章，发布了告全县农民书，选举刘振邦为县农会主席。1938年9月，成立了抗日儿童团。同年，县农会在扁鹊庙先后举办农民训练班、农会训练班、自卫队训练班等。1945年8月至9月，内丘抗日县政府二次设在神头村，组织群众开展抗日大反攻。"红色教授"杨秀峰（1897~1983），抗战时期为国民政府军事委员会委员长，多次来到神头村领导和指挥开展创建冀西游击队，开辟内丘抗日根据地，建立内丘抗日县政府等工作。被群众称为"杨大姐"的冀西游击队政治处副主任杨克冰（1909~2009），素以果敢泼辣享誉部队，曾和杨秀峰在内丘县组织领导抗日斗争，并多次来到神头村领导抗日工作。

"抗日英雄"宁二文

　　宁二文（1913~1973），女，1938年7月在神头村参加内丘县农民抗日救国会，秘密加入了中国共产党，她发动亲人参军，其弟宁文小参加冀西游击队，后被授予太行边区一等杀敌英雄称号，其夫刘士全参加区干队。1941年8月，宁二文遭日军被捕受尽酷刑，但没有透出半点组织秘密，后被地下党组织救出。她继续开展抗日工作，组织妇女做军鞋，为八路军送情报，多次受到上级党组织和边区政府嘉奖。1946年12月，被授予劳动模范；1948年，任神头村党支部书记，兼任妇女主任。在太行边区开展大生产运动时，宁二文被邢台公署授予"纺织状元"称号。1950年10月1日，她出席了中华人民共和国国庆纪念大会，受到毛泽东、朱德、周恩来等党和国家领导人的接见并合影留念；11月被授予全国"纺织状元"光荣称号，至今家中仍珍藏着中央人民政府农业部奖给她的七步犁等奖品。

↑ 中央人民政府农业部奖给宁二文的"七寸步犁"

神头村山清水秀，四季分明，物产丰富，果实硕甘。传统手工制作的食品与制品，美味可口，经济实惠。世代勤劳的村民，发挥自己的聪明才智，经过千百年的生活实践，利用本地所产的杂粮果蔬等物产，做出风味独特的传统小吃，至今名扬四方。

↓ 虎头枕

第七章
风味与特产

丰富优质的山货物产

　　神头村地处山区、丘陵、谷地的片麻岩、石英岩、大理岩等结合部，沟壑纵横交错；属北温带季风区，四季寒暑分明，雨量偏少，比较干旱；褐土土壤适宜多种植物生长，植被丰富，覆盖率达到90%。主要树种有：橡、栎、黄栌、松、柏、槐等；果树有杏、柿、梨、核桃、酸枣、黑枣等；野生中药材主要有艾、翻白草、河蓼、黄芪、丹参等。神头村山场面积大，适合酸枣树、柿子树、荆条生长，勤劳俭朴的村民利用本地物产，加工制作成食品与制品，除自用外，还拿到集市上销售，贴补家用。

柿饼

　　柿饼，是山区人人都可参与制作的一种纯天然食品，制作过程十分简单。在深秋霜降之后、立冬之前，采摘果形硬实、色泽通红的柿子，用特制旋柿刀削皮，再用结实的线绳缠住柿蒂，绑束成串，吊在搭建于通风透气、阴凉干燥处的简易木架上晾晒，架上盖苇席遮挡尘土，待水分挥发到一定程度，即可下架食用，称"吊柿"。因吊柿外形保持了柿子的原状，貌似桃，又称"柿桃"。吊柿还可再加工，待柿果晾晒至内软外硬，水分含量适中，外面形成新的表皮时，即可做柿饼，称"捏柿饼"。捏时从中间顶部捏起，逐步向四周揉捏，讲究巧捏外形，匀捏内肉，捏至表皮不破，隐约还能看到丝丝缕缕的果肉，最后捏成圆圆的饼状即可。接下来再进行"捂霜"，捂霜是为了让柿饼充分糖化，先将柿饼堆置阴凉处，盖上箔席，捂至柿饼表面"出汗"，实为糖分已浸出；揭去箔席晾晒，柿饼表面长满白霜，实为糖分已结晶，柿饼制作即完成。柿饼含大量糖分、蛋白质、维生素和其他微量元素，食之糯甜绵长，对人体有滋补作用。

↑ 神头村民晾晒在房顶上的柿饼

酸枣面

酸枣面，是将酸枣果肉经粗加工制作而成的一种食品，被称为"固体饮料"。酸枣面的渊源还来自于扁鹊。传说，扁鹊医好晋国大夫赵简子"五日不醒"之疾，赵简子在神头村的蓬山（今鹊山）一带赐田四万亩给扁鹊。自此，扁鹊在这里安家落户，行医授业，传播医学。一次扁鹊进山采药，救治了一棵被狂风刮折的酸枣树，此树被神医所救，越长越旺盛，年年结果累累，供扁鹊采摘。一年赵简子有疾，心慌气短长期不愈，扁鹊建议他到蓬山医治，因天热中暑，扁鹊熬酸枣水给他喝，不但解了暑气，经长期饮用，还医好了他的痼疾。从此，人们把酸枣制成养生食品"酸枣面"，四季食用。

酸枣面制作简单。当地有句俗话："七月十五花红枣，八月十五打个了。"就是说，在农历八月是采摘酸枣的最佳时期，此时气候干燥，晾晒酸枣，水分易挥发，为提取酸枣果肉提供了有利条件。最难掌握的是"串酸枣"，即给酸枣脱皮。先用石碾将晾晒好的酸枣轧开口，再晾晒以备去皮。去皮对气候条件要求十分苛刻，必须在冬天气温最寒冷、最干燥时才可做，村民称此时间点为"焦"。

"焦"的时辰要求很严，提前一个小时正好，过一个小时就不行。"焦时"常在夜间或早晨，以搓晾晒好的酸枣掉渣为好，此时用石碾碾轧，皮与核很容易分离。用荆筛筛出皮核，将皮用石碾碾轧成面，再用面箩筛面去渣，将酸枣面盛进簸箩内，利用酸枣面自身的黏性，慢慢结成大块，即成酸枣面。食用时切成小块，可冲水做茶饮用，也可含在嘴里似糖品尝，酸甜适口，生津化食，便于存放，四季可用，是消暑佳品。

蜂蜜

蜂蜜，是人们既熟悉又爱吃的一种食品。神头村山场面积广阔，山上适合杏树、荆条、槐树、枣树等多种树木生长，山花遍野，各种树木花期不同，交错开放，最适合蜜蜂采蜜。正因有这种天然条件，村民有养蜂制蜜自己食用的习惯。花开季节，放蜂采蜜，将蜂箱中的蜂巢取出，经过"甩"蜜取出蜂蜜，经低温融化，用网布滤出幼虫、蛹等杂质，去除浮渣，再用细网布过滤两遍，经熬制灭菌，装瓶存放，以备食用。这里的枣树和野生酸枣树满山遍野，其花朵小如米粒，花期长，光照充足，经蜜蜂采出的枣花蜜是极品蜂蜜。

腌肉

腌肉，是山区人们招待客人的最高礼遇食品，也是千百年来，人们从生活中摸索出的传统存肉方法。神头村民也有做腌肉的习俗。最早人们用打来的野猪制作腌肉，现今多为家养猪。一般讲究腌年猪，即正月买来小猪饲养，到腊月年节时杀猪腌肉。选五花带皮肉洗净，切成一斤左右肉块，水煮至六七成熟，捞出、沥干水分；在铁锅中放油，加五成热，轻炸至肉外表微黄，沥出油；凉透后肉滚盐，码放在瓷罐内，倒入香油腌住肉，再用猪油密封，一个月后即可食用。腌肉，可存放一年不变质，食之肥而不腻，风味独特，可炒菜、包饺子、做面卤、炖大锅菜，也是馈赠亲朋好友的最佳礼品。

↑ 腌肉

荆编

荆编，是山区人们经常使用的生活工具，虽制作粗糙，但用途颇多，盛果、装粮、背草，处处可见其踪。神头村民也有做荆编的习俗。秋天割来荆条，打成捆，立放在家宅后院，自然风干。农闲时，编制成背筐、花篓、荆筛、荆笆、荆囤

↑ 神头村民在扁鹊庙会上摆售荆编背筐

等，以便使用。现今村民也开始剥去柳条皮，利用柳条的自然白色，编制出各种造型的小花篮，成为盛山货的包装篮，颇受游客喜爱。

虎头枕

虎头枕，是我国民间专为小孩缝制的枕头。小孩睡老虎枕的习

俗各地也有不同，大都表示驱恶除魔，保佑平安之意。神头村做老
虎枕的多为老年妇女，不仅体现了女人们心灵手巧、勤劳善良，更
多的是在那一针一线中，体现了老一辈对下一辈的期望与祝福。制
作老虎枕时，选用红、黑、黄三种布色，剪裁出老虎身、腿、尾巴
和头耳，缝制成枕头状，绣上眼眉、鼻子、嘴牙、胡须，还要在额
头绣上一个"王"字，再塞上枕芯，即成老虎枕。在这里，据说那
个王字另有别意，是纪念扁鹊的，扁鹊被封为"神应王"，是神医，
小孩枕了这种枕头百病不生，寓意茁壮成长，长命百岁。虎头枕造
型各异，形象夸张，憨态可掬，招人喜爱。现今这一手工艺也从炕
头走向街头庙会，成为馈赠礼品。

老鼠愁

老鼠愁，即曼陀罗，又名洋金花，茄科野生直立木质一年生草
本植物，全株有剧毒，其叶、花、籽均可入药，味辛性温，药性镇
痛麻醉、止咳平喘。神头村地处山区丘陵地带，气候温暖、坡地向
阳、排水良好，最适合老鼠愁生长。民间传说，扁鹊在天然药材库
鹊山寻找药源，发现一种结着奇异花果的植物，当地百姓告诉他，
此植物叫老鼠愁，老鼠很爱吃，是一种专治鼠患的植物。后来，扁
鹊到赵国邯郸游医，那里因战乱引起鼠疫，扁鹊从鹊山运来一批老
鼠愁，消灭了鼠疫，救治了一方百姓。后经扁鹊多年研究，从老鼠
愁里提炼出麻醉剂，制成"麻醉散"，扁鹊成为我国使用麻醉术的
第一人。还传说，扁鹊给虢太子做手术治"绞肠痧"时用过麻醉散。
在《列子·汤问篇》中，也有记载扁鹊给鲁公扈、赵齐婴二人治病
时，使用了"毒酒"，即麻醉散。

风味独特的传统小吃

自汉唐以来，神头村年年有长达一个月的扁鹊庙会，商贾云集，文化交汇，这给饮食文化的交融提供了衍生的氛围。为满足香客、游客和人们日常生活的需求，这里的人们采用本地物产，加工成独具风味的小吃，呈现在节日宴席和日常生活的饭桌上，使品尝者津津乐道。

绿豆凉粉坨

↑ 神头村扁鹊庙会上售卖绿豆凉粉坨摊点

绿豆凉粉坨，是村民夏季最爱吃的一种凉拌食品，据说还是根据扁鹊所传授的中医知识演变而来的。绿豆，性凉味甘，有清热解毒、止渴消暑、利尿润肤之功效，用绿豆淀粉制作的凉粉，不仅具备绿豆的功效，还味美消暑。其制作方法：选圆润饱满的绿豆洗净，浸泡一夜吸足水分；按 1 ∶ 4 比例将浸泡好的绿豆与水用石磨磨成稀浆，即为绿豆沫；将绿豆沫用细箩或网布过滤，去渣，滤出的浆水为豆浆，豆渣可重复滤几遍，直至豆渣中无淀粉为止；把豆浆盛进容器内，静置，沉淀，等到容器内上层为清水，下层为白糊状淀粉，除去清水，取出已沉淀好的湿淀粉，再加清水搅拌均匀，倒入锅内边搅拌边加热，熬至稀稠正好，倒入碗中，将碗放置冷水中降温，即成透明洁白的"绿豆凉粉坨"。将凉粉坨取出，切成片或丝，浇上用蒜汁、香菜、香油、食盐配好的佐料，食之口感爽滑筋道，鲜香微辣，回味无穷。

饸饹面

饸饹面，是村民粗粮细作的一种面食。取麦子面、红薯面各半，加少许榆皮面。这里的榆皮面比较难寻。在山区榆树因易弯曲，做不得盖房的梁檩柱椽，只可做牛栏羊栏，故人们不特意栽植，只等野生榆树成可用之材，刨树，刮除老皮，取内皮和树根上的皮，晒干，用石碾碾轧，俗称"钢榆皮面"，再用细箩筛出面，即成榆皮面。做榆皮面费力费时，一般是一家做钢榆皮面，多家帮忙，全村可分食。为使面筋道不易煮烂，需用盐水和面，等面醒好，将轧面工具饸饹床架于已烧开水的锅上，把面团塞进饸饹床漏眼中，轧下饸饹床杆，将饸饹入锅煮熟，盛碗，再配上自制的腌肉为卤，吃起来香甜、润爽、筋道。现今饸饹面已成为招待宾客的特色小吃。

熬菜煮饺子

熬菜煮饺子，俗称菜锅饺子，是山区乡村一道特色佳肴。关于它的来历，还有一段传说。相传西汉末年刘秀被王莽追杀，逃到内丘山中，因冻饿昏倒在一户农家门口。正巧这户出嫁的闺女回娘家，老两口就包饺子给闺女吃，刚收拾完，听到门外有响动，老汉开门看到一个身披铠甲满身是血的年轻人昏倒在门外，赶忙招呼老婆婆、闺女把年轻人抬进屋。老婆婆忙去做饭，可案板上只剩下十几个饺子，闺女看见了，忙拿来家里存放的干菜，同饺子一起下锅，做了两碗熬菜煮饺子，端给年轻人吃。年轻人已饿了三天三夜，狼吞虎咽吃个精光，吃完后还咂咂嘴说："这饭皮香、馅香、菜也香，真是天下美味，是啥饭啊？"闺女说是熬菜煮饺子。后来这一家人才知道，那年轻人是东汉开国皇帝刘秀。从此，熬菜煮饺子成为这一带招待贵客和出嫁闺女的传统饭食，还作为过年正月初一的头一顿饭，寓意团圆、祥和、平安、发财，一直沿袭至今。其做法简单，先熬大锅菜：家常菜、海

↑ 神头村民做熬菜煮饺子

带丝、粉条开水煮软备用；炒锅上火加油烧到六成热放肉片、葱花同炒，翻炒出味，将家常菜、海带丝、粉条入锅一同翻炒均匀；因需煮饺子加水稍多，待水开，加酱油、盐、姜、大料等调料和豆腐块，大火炖几分钟即改小火炖一刻钟即可。再包饺子，可依自己口味选择或荤或素，将包好的饺子放到炖好的大锅菜中，一定要放生饺子，火加大煮熟饺子，出锅即可食用。此做法，使锅中的熬菜和饺子相互借味，却又不失各自的鲜味，吃起来味道独特，别有一番风味。

大鏊煎饼

煎饼是山区人们当干粮食用的食品，分大鏊煎饼和小鏊煎饼。因为山区不适合小麦生长，有"种一升收半升"之说，人们只种秋粮，又因山区地块小，人们因地制宜，多种谷子、高粱、绿豆、黄豆、黑豆、芝麻等杂粮。为了吃饱，人们开始对杂粮加工，粗粮细作，这不但解决了粮食问题，还创出了自己独有的风味美食。

神头村民素有做大鏊煎饼的传统。大鏊煎饼用料多为绿豆、黄豆、黑豆等豆类杂粮和小米，做法稍繁琐一些。先选好各种豆，碾碎成粒，根据需要掺入小米，小米加的多与少，决定煎饼的劲道程度，多则硬有嚼头，少则软易破碎。将掺混好的杂粮用清水捞过一遍后，做成"粉"，即将沥过水的杂粮盛到簸箕内闷一闷，晾一晾，当杂粮外表无水分，内部潮湿易碎时，用石碾碾成粉面，将面加盐水调成糊，备用。将大而薄的大铁鏊支起，点火，为防火苗过硬烤煳煎饼，多选用芝麻秸、麦秸为柴。铁鏊烧热，抹油，舀一勺面糊倒在铁鏊中心，用自制的高粱秆三角刮子，一圈一圈将面糊摊平在铁鏊上，等饼面鼓起即熟，用木铲铲起边沿，揭下就成了薄如纸的"大鏊煎饼"，也称杂面煎饼。因做大鏊煎饼繁琐，人们一次做很多，为长时存放，把大鏊煎饼搭在长竹竿上，吊在屋梁下自然风干，掰成煎饼片，贮藏于缸瓮中，成为冬天的主食干粮。大锅煎饼熬菜、杂面煎饼汤，都是难得的美味。现今生活水平提高，杂粮已不是主食，大鏊煎饼也成为街头一种小吃。

小鏊煎饼

小鏊煎饼，用料为小米，做时先将新碾的小米过一遍水，捞出闷晾，做成"粉米"；再用石碾碾成"粉米面"；将粉米面置于大瓷盆中，用温水冲成面糊，搅匀，加盖发酵，闻有甜味即可摊制。将专用的小铁鏊置于炉火上，烧热抹油，舀一勺米面糊，倒在中间，自然流向四周，至边处的凹槽中形成厚边，加盖烙蒸；因为是发酵面，饼面膨胀多眼，待面糊变色，用铁铲翻起再烙另一面，成金黄色，中间叠起铲出成半圆状小鏊煎饼。食之暄软，有发酵小米面自生的香甜味，深受老人小孩的喜爱，也成为农家常做的小吃。

年糕

　　年糕，是村民年节时必备的食品，寓意年年高，一年比一年过得好，其特点就在一个"撒"字上。原料为当地所产的黍子、大枣、豇豆。制作时先将黍子碾成黍米，之后过水，闷、晾、粉米，碾成粗黍米面，置于簸箩内。再将大枣、豇豆洗净煮熟滤去水，倒进簸箩内的黍米面中，洒水搅拌，干湿度以手抓面可成团，手张开面可散开为宜，称"糕面"。在大灶锅内放上透气性好、易清洗的高粱秸穿成的箅子，水烧开即可撒年糕：先在底层撒一层煮熟的豇豆，以防过分粘箅子，再均匀撒上糕面，撒一层要用筷子扎些小孔透气，同样方法撒四五层。盖上锅盖急火烧至冒大气，糕熟，熄火揭锅盖，菜刀蘸冷水趁热把糕切成小块取出晾一晾。待糕外皮稍硬，再切成糕片存放。可单吃，也可煮进大锅菜中食用。撒制的年糕黏性大，味道柔糯筋道，蜜甜醇香。

豆馍馍

　　豆馍馍，是村民年节时必备的食品，寓意甜甜蜜蜜，团团圆圆。制作时先把洗净的大枣去核，同豇豆一起放到锅内小火慢煮，煮至水干豇豆吃起来发"面"为好，即"糗豆馅"。将豆馅用勺子戳烂，攥成小豆馅团子备用。将麦面粉发酵，

↑ 神头村民年节蒸豆馍馍

加适量碱，揣揉醒面，做成面剂，包进豆馅团，揉成馍状，上锅急火蒸熟即可。其外白内红，勾人食欲，是年节走亲访友所带礼品，也是各个神龛内敬神必不可少的供品。

烘柿窝头

烘柿窝头，是山区村民特有的一种小吃。秋天柿子成熟，大部分做成柿子饼，留一部分晾晒在房檐上，晒成透明外皮一捅即破的烘柿，柿子原有的涩味也自然去除。取玉米面，也可用红薯面、高粱面，开水烫面，蒸成窝头，出锅趁热将去皮的烘柿塞进窝头眼中，其外热内凉，吃起来细甜如蜜，别有一番风味。也有把去皮的烘柿揉进烫好的面中，蒸成窝头，又是另外一番风味。

手工杂面

手工杂面，是村民家中最普通的面食，做法简单：取绿豆、黄豆、黑豆杂面粉，掺少许白面粉，加水和成面团，擀成薄薄的面饼，切成面条，煮成面汤，再烹上采摘来的山野韭菜花，香味四溢，使人垂涎欲滴。

麻糖

麻糖，是一种油炸面食，是逢年过节、婚丧嫁娶时常做的一种主食，工序复杂。用油熬糖，将糖熬得黏稠适度，加面糊搅拌均匀、凉透，做成糖面团（俗称面剂儿）备用。取面粉加盐、矾、水，和成软硬适中的面团，醒面半小时。将醒好的面团多次揉搓，放在案板上，捋成长条备用。油锅烧热后，用小刀切一块面团，再切一块糖面团摁到面团上，手蘸油将合成的面团拨拉成长麻糖坯，用刀在麻糖坯上划两刀，双手提起麻糖坯，放油锅翻炸至色变金黄即熟，出锅即成麻糖。其口感香甜，深得男女老少喜爱。神头村民郭兵群、吉书芬夫妻常年做炸麻糖、油条、炉箅、糖糕生意，供全村及周边村民食用。

↑ 五彩杂面

鸡头

鸡头，是一种过年节办喜事时常做的油炸面食,因状如鸡头得名。传说扁鹊治好了黑山城匪首刘枣棍的急病，救其一命，匪首敬佩扁鹊，弃恶从善，归还所抢村民的牛、羊、猪、鸡，为答谢扁鹊救命之恩，以油炸面蛋蛋替代鸡头为见面礼，扁鹊喜收。从此民间留下过喜事吃炸

↑ 面食小吃——炸鸡头

面鸡头的习俗，"吃炸鸡头"也成办喜事的代名词，取吉利之意。炸鸡头制作以小米为主料，将小米过水、捞出、沥干水、碾成"粉米面"，用温水将粉米面拌成糊状，搅匀，发酵至闻出酸甜味，适量加碱水搅拌，用勺舀起，向滚开油锅内边倾倒边快速用铁筷子将面糊夹成一个个面蛋蛋入油锅，炸至膨胀饱满，浮于油面即可捞出，成为香甜绵软的"鸡头"。

中国民间
文化遗产
抢救工程
THE PROJECT TO CHINESE
FOLK CULTURAL HERITAGES

神头村文化遗产承载着村落的历史和记忆。村落古民居建筑、节日习俗、庙会茶棚、传说故事、传统手工制作等，为神头村千百年来所积淀，并在历史变迁中得以传承和创新，构筑起神头村的文化基石，树起了神头村的文化精神，增强了村民的凝聚力。随着城镇化高速发展，传统村落也受到冲击，神头村和全国许多古村落一样，正面临村落文化消失的危机。

↓ 神头村

结　语

千年古村重放异彩

　　自 1950 年内丘县成立文化馆，就开始对神头村扁鹊庙进行调查和史料搜集整理。1976~1981 年，两次对扁鹊庙保存现状进行普查，建立健全了扁鹊庙文物"四有"制度，即有保护范围，有保护标志，有记录档案，有保管机构。1982 年 7 月，扁鹊庙被河北省人民政府列为第二批省级重点文物保护单位。1983 年 3 月，扁鹊庙成立由神头村村民组成的义务文物保护组织，负责扁鹊庙区的文物安全保护工作，恢复传承长达两千余年的扁鹊庙会。1986~1995 年，经河北省文物局批准，在河北省古建筑研究所的指导下，文物部门利用庙会集资，先后对扁鹊殿、后土前殿、百子殿、药王殿、后土总司殿等建筑进行抢救性维修。1991 年 12 月，河北省人民政府公布了扁鹊庙保护范围。1994 年 7 月，河北省文物局拨专款 5 万元维修扁鹊殿。1995 年 9 月，经内丘县人民政府批准，投资 10 万元，将神头中学从扁鹊庙区迁出。1996 年 6 月，经河北省文物局批准，拨专款 15 万元对扁鹊殿进行落架大修。1996 年 10 月，制作了扁鹊庙河北省文物保护单位记录档案，主要记录了扁鹊庙的地理位置、历史沿革、保存现状、保护范围、建设控制地带及以往的工作情况，收录了文献资料、影像资料、图纸资料等。1999 年 7 月，经内丘县机构编制委员会批准，成立了县旅游文物管理局，在扁鹊庙建立健全各种规章制度，进行保护管理。1999 年 8 月，扁鹊庙山门复建竣工。1999 年 10 月，扁鹊庙区玉皇殿在原址上复建。1999 年 11 月，扁鹊庙群修筑了长1500米仿古围墙。1999年11月,扁鹊庙前回生桥复建竣工。2002年10月,经河北省文物局批准,投资18万元,在扁鹊殿东侧修建碑廊22间,将扁鹊庙内的碑刻集中保护,并原址恢复"透灵碑"碑楼。2005年10月,内丘县隆重举办了首届"中国·内丘扁鹊文化节",开展大型经贸洽谈会和扁鹊文化研讨会。2006年5月,扁鹊庙被国务院公布为第六批全国重点文物保护单位。2006年6月,"内丘扁鹊祭祀"被河北省人民政府列为首批省级非物质文化遗产名录。2007年8月,在扁鹊庙群前三霄殿殿后原址上,依照明代建筑风格恢复古戏楼建筑。2010年12月,扁鹊庙旅游区晋升为国家AAAA级旅游景区。2011年10月,投资60万元,在扁鹊庙碑楼西侧建设游客中心,完善旅游服务功能。2012年4月,《内丘县扁鹊庙文物保护规划》编制立项申请获国家文物局批准。2013年,在扁鹊庙群西南部修建中医陈列展馆、中医药文化展览馆和中国古代名医文化墙。2015年,扁鹊庙群的建筑和古柏全部安装避雷保护设施。2016年在扁鹊庙群西南部修建扁鹊纪念馆。

与此同时,2008年10月,神头村被河北省人民政府公布为第二批省级历史文化名村。2012年12月,神头村被国家住房和城乡建设部、文化部、财政部列入第一批中国传统村落名录。2014年,按照中国文学艺术界联合会开展的中国传统村落立档调查方案,对神头村进行了全方位、地毯式大普查。2015年,根据国家批准的传统村落保护规划方案,对神头村进行全面保护修缮。2015年7月,神头村被住房和城乡建设部、国家旅游局公布为全国特色景观旅游名镇名村示范村。

20世纪50年代拍摄的回生桥

1999年重修后的回生桥

20世纪50年代拍摄的扁鹊庙群

1996年落架大修后的扁鹊殿

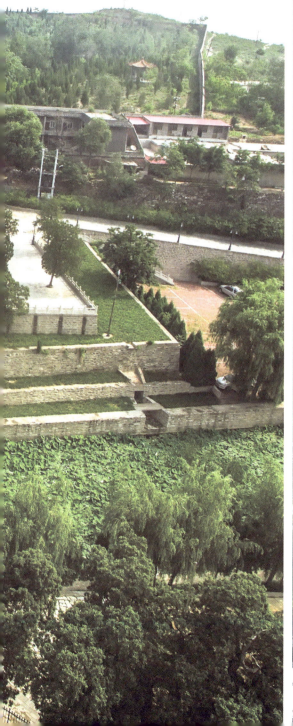

2016 年拍摄的扁鹊庙群

20 世纪 50 年代拍摄的碑楼

2002 年重修后的碑楼

荒丘野岭上的旅游大道

从古至今，通往神头村的道路由人行小道、驮运路、车马道发展为公路、旅游大道；运输工具由人挑、畜运、马车发展为拖拉机、摩托车、汽车等。自1976年通往神头村的大道开始铺设沥青、水泥路面，建设标准有省道、县道、乡道、村道，为了向世人展示历史文化名村神头村的风采，开始对各条大道进行绿化，建设旅游专用线。这些公路有长有短，有宽有窄，各具特色。

↓ 红神公路

扁鹊大道，东起京港澳高速公路内丘下道口，西到内丘扁鹊庙景区，中间与省道 328 线并线，全长 30 公里，标准为双向六车道一级公路，两侧绿化带各宽 100 米，有人工栽植的松柏杨柳，高低错落，令人赏心悦目，是一条集交通、绿化、文化、旅游为一体的综合性景观大道。沿线规划建设上百处指示标牌、文化拱门、特色文化墙、扁鹊像、扁鹊十大弟子游园、重要节点标志性景观工程及占地 2.5 万平方米、大小 410 个车位的大型景区停车场，沿线两侧分布着扁鹊公园、邢窑遗址博物馆、邢白瓷博物馆、鹊山湖、百果庄园、牛王庙戏楼、依林山庄、神应王养生度假区、驿和人家、太子岩等大小十几个旅游景点。建成后的"扁鹊大道"从京港澳高

速下道 20 分钟可达扁鹊庙景区，已成为"内丘一日游"的高密度旅游专线。

红神公路，东起省道 328 线柳林镇红门桥，西到神头村，全长 8 公里，双车道县级公路，沿线贯穿十余村。路旁有千百年留下来的老杏树、老柿子树，躯干苍劲，虬枝盘踞，春天花香扑鼻，夏日绿树成荫，秋日硕果累累，令人心旷神怡。

太子岩前山公路，东起扁鹊庙前九龙柏，西到鹊山山下停车场，全长 3 公里，为双车道旅游专用公路。沿途有众多与扁鹊有关的旅游景点，景观奇特，故事感人，让人体会扁鹊成为中华医祖的辉煌一生。

太子岩后山公路，北起省道 328 线獐獏乡寨门沟村道口，南到鹊山山上云峰庵遗址停车场，全长 7 公里，为双车道旅游专用公路。沿途有一山连一山的森林，一沟连一沟的溪水，山环水绕，峰回路转，让人流连忘返。

登山台阶路，东起鹊山山下停车场，西到鹊山山顶莲花峰，全长 4.5 公里，分段共设 3999 级台阶，全线时缓坡时台阶，弯弯曲曲，围山而转，像一条巨龙从山脚一直盘到山顶。沿途原始次生林遮天蔽日，曲径通幽，耳边鸟蝉齐鸣，眼前蝶飞蜂舞，人似游走在桃源仙境。相传此路是虢太子跟扁鹊上山采药修炼，下山行医为民众看病的山路。

↑ 太子岩后山公路

附录 神头村历代碑刻统计表

序号	年代	碑名
1	后周显德（954~959）	后周碑
2	宋天圣九年（1031）	鹊山大王庙房廊记
3	宋熙宁二年（1069）	重修神应侯庙记
4	金明昌元年（1190）	重修鹊山神应王庙记
5	元中统三年（1262）	重修鹊山神应王庙记
6	元中统三年（1262）	奉旨祭扁鹊碑
7	中统壬戌（1262）	刘德渊、刘朴拜谒神应王诗碣
8	元至元五年（1269）	重修鹊山神应王庙碑
9	元至元壬申年（1273）	刘德渊·谒鹊王庙三首诗碑
10	元至元二十年（1283）	不忽木 鹊王庙诗碣
11		不忽木 诗碣
12	元延祐二年（1315）	何德严 拜谒扁鹊庙诗碑
13	元延祐七年（1320）	张宴 拜谒扁鹊庙诗碣
14	明成化二十三年（1487）	重修鹊山庙记
15	明嘉靖戊戌年（1538）	张元孝 诗碣
16	明嘉靖十八年（1539）	内丘县重修鹊山神应王记
17	明嘉靖二十二年（1543）	鹊山鼎建九龙桥记
18	明隆庆己巳年（1569）	重修太子岩龙兴寺碑记
19	明隆庆四年（1570）	祭扁鹊文碑
20	明隆庆四年（1570）	祭扁鹊文碑
21	明万历二年（1574）	祭扁鹊文碑
22	明万历四年（1576）	周格 拜谒扁鹊庙诗碑
23	明万历丙子年（1576）	再赴鹊山诗碣
24	明万历六年（1578）	重修鹊王庙记
25	明万历十三年（1585）	重修鹊山神应王庙记
26	明万历十三年（1585）	重修鹊山神应王庙记
27	明万历二十三年（1595）	贡完碑记
28	明万历二十六年（1598）	唐山县进贡建醮碣
29	明万历三十二年（1604）	神头村创建社学记
30	明天启元年（1621）	内丘县各乡村供奉鹊山神庙功德碑记
31	明天启元年（1621）	内丘县重修鹊山神应王记

（续表）

体量（高×宽×厚，单位：米）	现存位置	备注
		《内邱县文物志》记载拓片碑文
		《内邱县文物志》记载碑文
2.09×0.78×厚	扁鹊庙群碑廊	
0.93×0.81×厚	扁鹊庙群碑廊	
		《内邱县文物志》记载碑文
0.42×1.10×厚	扁鹊庙群碑廊	
0.84×1.10×0.19	扁鹊庙群碑廊	
2.73×0.97×0.30	扁鹊庙群碑楼	民间称透灵碑
0.71×1.06×0.17	扁鹊庙群碑廊	
0.68×1.88×厚	扁鹊庙群碑廊	
0.66×0.86×厚	扁鹊庙群碑廊	
0.58×1.02×0.17	扁鹊庙群碑廊	
0.58×1.01×厚	扁鹊庙群碑廊	
0.90×0.85×厚	扁鹊庙群碑廊	
0.63×1.06×厚	扁鹊庙群碑廊	
0.56×0.90×厚	扁鹊庙群碑廊	
2.48×0.88×厚	扁鹊庙群碑廊	
1.80×0.60×0.35	鹊山龙兴寺遗址	
3.33×0.92×0.28	扁鹊殿前西	
2.20×0.91×厚	扁鹊庙群碑廊	
		《内邱县文物志》记载碑文
0.80×0.85×厚	扁鹊庙群碑廊	
0.92×1.04×厚	扁鹊庙群碑廊	
1.04×0.91×厚	扁鹊庙群碑廊	
3.10×0.96×0.18	扁鹊殿前西	
3.83×0.94×0.38	扁鹊庙群前院西	
1.33×0.56×厚	扁鹊庙群碑廊	
0.88×0.49×厚	扁鹊庙群碑廊	
1.00×0.40×0.18	扁鹊庙群碑廊北头	
3.36×0.90×0.25	扁鹊殿前东	
		《内邱县文物志》记载碑文

（续表）

序号	年代	碑名
32	明天启四年（1624）	重建百子碑记
33		明刊石残碑
34		明残碑
35		鼎建鹊山神应王献殿碑（明顺德府同知前翰林院国史关西雷林撰）
36		鹊山庙记（明谕德谢迁撰）
37	清康熙二十八年（1689）	施茶碑碣记
38	清康熙五十八年（1719）	重修鹊山后土诸殿碑记
39	康熙年间	重修鹊山圣母碑记
40	清乾隆二十年（1755）	重修桥楼碑记
41	清乾隆四十五年（1780）	重修茶棚
42	清道光己丑年（1829）	修云峰庵碑记
43	清道光十二年（1832）	重修鹊王庙碑记
44	清道光二十三年（1843）	王天尊输税劝工颂
45	清咸丰三年（1853）	功德碑
46	清咸丰四年（1854）	重修观音老母庙碑记
47	清同治五年（1866）	重修玉帝诸神庙碑记
48	清光绪元年（1875）	功德碑
49	清光绪十四年（1888）	重修三山圣母碑记
50	清光绪二十二年（1896）	重修鹊王庙碑记
51	清光绪三十年（1904）	重修三山圣母碑记
52		重修太子楼碑记
53		韩梦愈诗碣
54		创建茶棚碑记
55		施茶碑记
56	民国十四年（1925）	重修鹊山圣母碑记
57	民国年间（1912~1949）	重修东月桥碑记（残碑）
58	1989.09.29	重修扁鹊庙台基后土前殿药王殿百子殿记
59	2005.10.29	祭扁鹊文碑
60	2015.09.22	祭扁鹊文碑

（续表）

体量（高×宽×厚，单位：米）	现存位置	备注
1.18×0.63×厚	扁鹊庙群碑廊	
0.80×0.85×厚	扁鹊庙群碑廊	
1.50×0.78×厚	扁鹊庙群碑廊	
		明成化二十三年《顺德府志》记载碑文
		清乾隆十五年《顺德府志》记载碑文
1.00×0.50×厚	扁鹊庙群碑廊	
1.06×0.93×厚	扁鹊庙群碑廊	
1.62×0.63×0.16	神头村李玉生门前	
1.44×0.56×厚	扁鹊庙群碑廊	
1.50×0.50×0.18	神头村诚信巷北头	
1.46×0.53×0.20	鹊山云峰庵遗址	
		康熙七年《内丘县志》记载碑文
		《内邱县文物志》记载碑文
0.98×0.4×0.18	鹊山莲花峰顶	
1.45×0.77×0.20	鹊山圣母庙院	
1.00×0.48×0.18	鹊山莲花峰顶	
0.49×0.41×0.23	鹊山莲花峰顶	
1.51×0.58×0.20	鹊山云峰庵遗址	
1.44×0.56×厚	扁鹊庙群碑廊	
1.50×0.60×0.21	鹊山云峰庵遗址	
		《内邱县文物志》记载碑文
		《内邱县文物志》记载碑文
1.00×0.51×0.16	神头村九龙柏东	
1.30×0.60×0.17	神头村友善巷南口	
1.80×0.63×0.17	神头村侯小六家	
1.30×0.40×0.18	东越（月）桥栏杆石	
2.55×0.94×0.22	扁鹊庙群前院东	
3.26×0.90×0.26	扁鹊殿前东	
3.33×0.90×0.25	扁鹊殿前东	

参考文献

(1) ［西汉］司马迁著：《史记·扁鹊仓公列传》，北京联合出版社 2014 年全注全译全解版。

(2) ［北魏］阚马因撰：《十三州志》。

(3) ［唐］李吉甫撰：《元和郡县图志》。

(4) ［宋］乐史著：《太平寰宇记·邢州卷》。

(5) 林恭主修：《顺德府志》，明成化二十三年（1487）（2007 年复印本）。

(6) 孙锦、高迁主修：《顺德府志》，明嘉靖十五年（1536）（1985 年复印本）。

(7) 王守城、张延庭主修：《顺德府志》，明万历 11 年（1583）、明万历 18 年（1590）（2007 年复印本）。

(8) 乔中和著：《内丘县志》，明崇祯十五年（1642）（复印本）。

(9) 汪匡鼎主修，和羹主编：《内丘县志》，清康熙七年（1668）（翻印本）。

(10) 徐景曾纂修：《顺德府志》，清乾隆十五年（1750）（复印本）。

(11) 卢聘卿纂修，田尔砚、郝慎岗主编：《内邱县乡土志》，光绪三十二年（1906）（复印本）。

(12) 李鸿章等修：《畿辅通志》，北洋官报印刷局清宣统二年（1910）。

(13) 郑一民著：《神医扁鹊的故事》，新华出版社 1985 年版。

(14) 刘双柱编著：《祖国医学之最述要》，学术期刊出版社 1998 年版。

(15) 中共内邱县委组织部、中共内邱县委党史资料征集办公室、内邱县档案局编：《中国共产党河北省内丘县组织史资料》，河北人民出版社 1992 年版。

(16) 曹东义主编：《神医扁鹊之谜》，中国中医药出版社 1996 年版。

（17）张进斌总纂主编，河北省内邱县地方志编纂委员会编：《内邱县志》，中华书局1996年版。

（18）孙建华主编，内邱县文物志编纂委员会编：《内邱县文物志》，燕山出版社1999年版。

（19）韩秋长、和莲芬主编：《鹊山轶闻》，中国戏曲出版社2000年版。

（20）中共内丘县委党史研究室编：《中国共产党内丘历史第一卷》，河北人民出版社2005年版。

（21）李俊良主修，韩秋长、张进斌主编，河北省内丘县地方志编纂委员会编：《内丘县志》，方志出版社2006年版。

（22）韩秋长、和莲芬、韩朝霞编著：《扁鹊的传说》，花山文艺出版社2008年版。

（23）路洪昌主编，和莲芬、张贵生编著，人文邢台选集编委会编：《内丘鹊山》，方志出版社2009年版。

（24）方竹学主编，图说扁鹊工作编辑委员会编：《图说扁鹊》，方志出版社2010年版。

（25）郑一民著：《神医扁鹊》，花山出版社2014年版。

（26）付连国、胡静霞主编，刘三冰、苏献果、刘蔚东、刘皓然编著：《扁鹊传说故事连环画集》，河北美术出版社2015年版。

（27）付连国、胡静霞主编，和莲芬、张贵生编著，内丘神头村编委会编：《内丘神头村》，河北美术出版社2015年版。

（28）付连国、胡静霞主编，和莲芬、武春山编著，内丘非物资文化遗产编委会编：《内丘非物质文化遗产》，河北美术出版社2015年版。

（29）常青主编，申海林、刘爱军编著，内丘历史文化丛书编委会编：《内丘特色产品》，河北美术出版社2015年版。

（30）内丘县三套集成办公室编：《三套集成·内丘县民间故事选》，1986年内部版。

后 记

  2012 年 12 月，神头村被国家住房和城乡建设部、文化部、财政部批准列入第一批中国传统村落名录。2014 年 6 月 29 日接到中国民间文艺家协会的通知，要求中国传统村落所在地文联及摄影家协会开展立档调查工作，我们及时向内丘县委有关领导汇报，县人大常委会主任付连国，副主任胡静霞给予了很多关心和支持，迅速成立了由文字、摄影、摄像等 10 人组成的中国传统村落神头村立档调查志愿者工作队。从 7 月开始，进村入户，调查走访，大家起五更、熬半夜，顶酷暑、冒严寒，踏荆棘、走险岭，爬高山、越沟壑，不言苦，不叫累，不休节假日，风雨无阻，就连春节还在走村入户调查的第一线，历时一年，完成中国民间文艺家协会所安排的调查摸底、登记拍摄工作，并编辑成册。

↑ 2014 年和莲芬（前排席地而坐者）在一家庄采录民俗活动

2015 年 12 月，接河北省民间文艺家协会通知，要求编纂《中国民间文化遗产抢救工程——中国历史文化名城·名镇·名村丛书》中国历史文化名村系列示范卷《中国历史文化名村·河北神头》，我们及时向内丘县人大常委会主任付连国、副主任胡静霞汇报，再次得到支持，重新组织人员，调查落实工作。期间，河北省民间文艺家协会主席郑一民亲自到神头村调研，就此书编写工作给予全面指导，并执笔修改，作为河北省示范卷付梓出版。经过 10 个月努力，在此书完稿之际，对各位领导的支持关心和提供了照片的郝明珂、王明海、王彦彬、李恒坤、范彦军、刘继东、彭永梅以及帮助我们工作的所有人士，表示衷心感谢。尽管我们已做出最大的努力，但差错仍然难免，恳请读者批评指正。

《中国历史文化名村·河北神头》编委会

2016 年 10 月

↑ 2016 年张贵生（手持相机拍摄者）在扁鹊庙会拍摄茶棚香客活动

图书在版编目（CIP）数据

中国历史文化名村·河北神头 / 潘鲁生，邱运华总主编；中国民间文艺家协会组织编写.
—北京：知识产权出版社，2017.3
（中国历史文化名城·名镇·名村丛书）
ISBN 978-7-5130-4755-5

Ⅰ.①中… Ⅱ.①潘… ②邱… ③中… Ⅲ.①乡村—概况—内丘县 Ⅳ.① K928.5

中国版本图书馆 CIP 数据核字（2017）第 026887 号

责任编辑：孙　昕　　　　　　　　　　责任校对：谷　洋
文字编辑：孙　昕　　　　　　　　　　责任出版：刘译文

中国历史文化名城·名镇·名村丛书
中国历史文化名村·河北神头
中国民间文艺家协会　组织编写
总　主　编　潘鲁生　邱运华
本卷主编　和莲芬　张贵生

出版发行：	知识产权出版社 有限责任公司	网　　址：	http://www.ipph.cn
社　　址：	北京市海淀区西外太平庄 55 号	邮　　编：	100081
责编电话：	010-82000860 转 8111	责编邮箱：	sunxinmlxq@126.com
发行电话：	010-82000860 转 8101/8102	发行传真：	010-82000893/82005070/82000270
印　　刷：	天津市银博印刷集团有限公司	经　　销：	各大网上书店、新华书店及相关专业书店
开　　本：	720mm×1000mm　1/16	印　　张：	13.25
版　　次：	2017 年 3 月第 1 版	印　　次：	2017 年 3 月第 1 次印刷
字　　数：	145 千字	定　　价：	80.00 元

ISBN 978-7-5130-4755-5